[redacted]

Kleine Leute – große Töne

Kinder
Gottesdienst
Gemeinde

Eine Buchreihe für die Praxis –
herausgegeben in Verbindung
mit dem Württ. Evang. Landesverband
für Kindergottesdienst

Die Deutsche Bibliothek – CIP-Einheitsaufnahme

Kleine Leute – große Töne: Mit Kindern singen, spielen, musizieren / Siegfried Macht. Mit Ill. von Dorothea Layer-Stahl. – 1. Aufl. – Leinfelden-Echterdingen: Verl. Junge Gemeinde, 1997
(Kinder – Gottesdienst – Gemeinde)
ISBN 3-7797-0345-9
ISBN 3-7797-0347-5 (Buch mit CD im Paket)

1. Auflage
Umschlag und Typografie: Dieter Kani, Stuttgart
Titelgrafik und Illustrationen: Dorothea Layer-Stahl
Satz, Druck und Bindearbeiten:
Wilhelm Röck, Weinsberg

ISBN 3-7797-0345-9

SIEGFRIED MACHT

Kleine Leute – große Töne

Mit Kindern singen, spielen, musizieren

mit Illustrationen
von Dorothea Layer-Stahl

VERLAG JUNGE GEMEINDE

Inhalt

Alphabetisches Verzeichnis der Lieder

(Die mit »o« gekennzeichneten Lieder sind ohne Noten abgedruckt.
● = Einspielungen auf der CD zum Buch)

Abkürzungen, die in diesem Buch vorkommen:

EG = Evangelisches Gesangbuch (neu)
LJ = Liederbuch für die Jugend (neu)
GL = Gotteslob (katholisches Gesangbuch)

Folgende Rand-Symbole sollen zum schnelleren Auffinden verschiedenster Methodentips usw. helfen:

Erzählen und zuhören 

Singen und gestaltet sprechen 

Musizieren, Liedbegleitung 

Tanzen und spielen 

Basteln, malen, collagieren … 

Kreatives Schreiben 

Theologische Reflexion 

Neu ist das Lied, das uns neu macht,
auch wenn es ein ganz altes ist ...«

(Dietrich Bonhoeffer)

Vorwort

Statt »Vor-wort« müßte es hier eigentlich »Prä-ludium« (also »Vorspiel«) heißen oder »Vor-gesang«, damit Sie einen »Vor-geschmack« bekommen auf das, was Sie erwartet:
Ein Werkbuch für eine ganzheitliche Kinderkirche, eine Religionspädagogik mit allen Sinnen.
Dabei soll vor allem folgenden Bedürfnissen Rechnung getragen werden:

Einfache Lieder

Um schon die Jüngsten miteinzubeziehen, werden vor allem kurze Lieder vorgestellt, Liedtexte, die auswendig behalten werden können und Melodien, deren Tonumfang der Kinderstimme angemessen ist.

Einfache Begleitungen

Neben zahlreichen Tips für die Liedbegleitung auf der Gitarre werden vor allem auch Anregungen für einfachstes Begleiten auf dem Orff-Instrumentarium und für den Einsatz der körpereigenen Instrumente gegeben. Dadurch werden die Kinder selbst vielseitig in das gemeinsame Musizieren einbezogen. Nichtgitarrist(inn)en und/oder Notenunkundige im Leitungsteam entdecken alternative Begleitungen. Das Zusammenfügen auf viele verteilter einfachster Bausteine ergibt eine originelle und wohlklingende Summe. Dies entspricht der biblischen Erkenntnis vom Leib, den viele Glieder ausmachen.

Spielen und Tanzen

»Das Wort ward Fleisch« heißt es zu Beginn des Johannesevangeliums. Da ist es nur selbstverständlich, wenn gerade auch die Kinderkirche den »Um-Gang« mit biblischen Texten im wahrsten Sinne des Wortes

entdeckt und Lob wie Klage »leib-haftig ins Spiel bringt«. Vielleicht läßt der Rest der Gemeinde sich ja anstecken.
Bisher jedenfalls gilt wohl noch viel zu oft: »Ein erwachsener mitteleuropäischer Christ ist ein Mensch, der seine Bewegtheit dadurch zum Ausdruck bringt, daß er sich möglichst unbewegt gibt.«

Die ganz alten Lieder neu entdecken

Viele Choraltexte sind zumindest strophenweise kindgemäßer als ihr Ruf, viele alte Melodien bei richtiger Interpretation frischer als beim schleppenden Gemeindegesang vermutet. Oft läßt sich ein altes und ein neues Lied gemeinsam (zweistimmig im Quodlibet) singen: Die Kinder wiederholen beständig ihre schlichte Melodie, die Erwachsenen ergänzen im Familiengottesdienst einen traditionellen Choral. Oder die erste Zeile eines Chorals fügt sich zum Mini-Kanon und genügt sich selbst, weil auch der Text der ersten Zeile schon eine kleine abgeschlossene Aussage enthält. Plötzlich kullert eine Perle der Tradition nach der anderen zu uns herüber, und wenn man auch nicht alle auf eine Schnur fädeln kann, so werden die Kinder doch »begeistert« (!) damit Murmeln spielen. Zwar sollen wir, wie Jesus sagt, keinen neuen Wein in alte Schläuche füllen – aber alter Wein in neuen Schläuchen, das ist eine feine Sache: Probieren Sie mal!

Die Stimme pflegen und tief durchatmen

Auf »Stimmenfang« gehen die Politiker, und die Chorleiter betreiben »Stimmbildung«. Und wenn mit einem Kind etwas nicht »stimmt«, dann merken wir das an seiner »Stimmung« und oft auch an seiner »Stimme«. Die bekommt hier also auch ein eigenes Kapitel und das sollten nicht nur die Chorleiter lesen. Seine »Stimme zu erheben« ist eben nicht nur etwas Musikpädagogisches. Vielleicht ist die stimmbildnerische Komponente eine fundamentale Voraussetzung für theologisches und politisches Erheben der Stimme?
Und wer dann immer noch meint, nicht singen (lassen) zu können, der kann es mit rhythmisch und klanglich gestaltetem Sprechen probieren: Rap ist immer noch in!

Kreativ sein und in Form

Wer »in Form« sein will, muß Formen kennengelernt haben. Feste Formen und Kreativität sind keine Gegensätze, sie bedingen einander. Kreatives Schreiben eigener kleiner Liedstrophen und freies Tanzen und Variieren musikalischer Vorgaben wird hier und da behutsam angeregt und durch Alternativen vorbereitet.

Ein Loblied auf den Kanon

Auch wo nicht mehrstimmig gesungen wird, sollte dem Kanon mehr Beachtung geschenkt werden. Man kann die zweite Stimme auch mit der Blockflöte oder einem anderen Instrument ergänzen. Und, was viel wichtiger ist: Die meisten Kanons sind so gebaut, daß mit der zweiten Stimme auch die Begleitung von vorn beginnt.
Damit erfüllen gerade viele Kanons mehrere der obigen Ansprüche an ein gutes Kinderkirchenlied: Sie sind kurz und pointiert (wie es sich für ein »Gedicht« gehört!), dadurch schnell auswendig zu lernen und einfachst zu begleiten.

Und nun: Genug der Vorworte – ich hoffe, sie werden ein Nachspiel haben!

Siegfried Macht

Die CD zum Buch

21 Lieder aus diesem Buch (siehe Liedverzeichnis S. 6/7) gibt es in Instrumentalfassung auf einer CD. Sie ermöglicht das Kennenlernen der Melodien und erleichtert das Einüben vor allem der neuen Lieder.

I. Singen und musizieren mit Kindern

1. Spielerische Stimmbildung

Schon Zweijährige singen während des Spielens spontan und freudig alles, was ihnen in den Kopf kommt. Solch stimulierende Anregungen aber erhalten sie von direkt mit ihnen singenden Bezugspersonen eher, als vom leblosen technischen Mittler. So ist entgegen allzu romantischer Auffassung das Singen des Kindes nicht vorprogrammiert und unterliegt dann später lediglich dem Prozeß des Verlernens solcher Vielseitigkeit und Ganzheitlichkeit in einer allzu nüchternen und rationalen Gesellschaft. Vielmehr wachsen zunehmend Kindergenerationen auf, deren Aktivitäten im Bereich des Singens von Anfang an starken Einschränkungen unterliegen. Dies äußert sich in einem wachsenden Anteil von Kindern, die ausgesprochen intonationsschwach sind (d.h. die Töne nicht treffen) und nur einen sehr geringen Tonumfang besitzen. Überlegungen zur Stimmbildung erscheinen im wahrsten Sinn des Wortes »not-wendig«.
Um den Rahmen dieses Kapitels nicht zu sprengen, die musikalischen Laien unter den Lesern nicht zu überfordern und vor allem auch um nicht aus den Augen zu verlieren, daß wir hier nicht in erster Linie für den Kinderchor schreiben, wollen wir uns im folgenden auf spielerische und leicht nachvollziehbare Übungen beschränken. (Darüber hinaus sei der Kontakt mit Kinderchorleitern vor Ort empfohlen bzw. darauf hingewiesen, daß in diesem Themenfeld das eigene vertiefende Tun auf Fortbildungen durch keine Publikation ersetzt werden kann.)

Nach jüdisch-christlichem Verständnis »hat« der Mensch keine Seele, sondern er »ist« Seele, und zwar durch den Atem (!), den Gott ihm eingehaucht hat (vgl. 1. Mose 2, 7). Leib und Seele sind ihm eins. Ich bin geneigt, ebenso von der Stimme zu sprechen: Wir haben sie nicht, wir sind sie. Ebenso wie der Gang eines Menschen verrät seine Stimme etwas von seinem innersten Wesen, die Stimme scheint ihm »auf den Leib geschrieben«. Wen wir lange kennen, können wir uns mit einer anderen Stimme kaum noch vorstellen – das merken wir z.B. an Filmen, in denen unsere Lieblingsschauspieler plötzlich von anderen Synchronsprechern belebt werden.
Unsere Stimme verrät unsere Befindlichkeit. Das hebräische Wort für Seele (»nefesch«) kann auch »Kehle« heißen: Was mir die Seele schnürt, schnürt mir auch die Kehle zu, ich bekomme keinen Ton mehr

heraus. So schreibt schon der Psalmist: »... Das Wasser geht mir bis an die Seele (Kehle). Ich habe mich müde geschrieen, mein Hals ist heiser.« Mein Atem wird flach, denn mein Zwerchfell ist wohl der Ort »zwerchfellerschütternden« Lachens, Traurigkeit aber »schlägt mir auf den Magen«. So entsteht z.B. für einen aufgeregten und ängstlichen Sänger ein wahrer Teufelskreis: Die Angst zu versagen, raubt ihm die tiefe Flankenatmung, ohne die er erst recht keine Luft haben wird ...

All dies macht deutlich, wie sensibel der Umgang mit der Stimme zu handhaben ist: Wer sich singend äußert, macht sich verletzbar. Er zeigt sich selbst, er »instrumentalisiert« seinen Ausdruck nicht über einen Gegenstand (wie z.B. ein Musikinstrument), er zeigt sich selbst »unmittel-bar«. Auch von daher bekommt manch einer kaum die Lippen auseinander. Das kann sich sogar noch verschärfen, wenn wir Stimmbildung betreiben. Wenn wir also statt einfach drauflos zu singen, das Problem auch noch beim Namen nennen (was wir deshalb auch gar nicht tun sollten)!
In diesem Sinne einige eher spielerische Anregungen:

1.1 Lockern

Stimmbildung versteht sich nach neueren Erkenntnissen wie viele andere Formen ganzheitlicher »Leibarbeit« als eine mehrschichtige Angelegenheit, deren eigentliches Anliegen vorbereitet werden muß. Ähnlich wie in vielen Formen der Meditation ist es der Stimmbildung förderlich, wenn vor den eigentlichen Übungen Entspannung durch Lockerungsübungen, bequemes Liegen, Sitzen oder Stehen usw. stattfindet, und die Atmung bewußt wahrgenommen und kontrolliert wird.

● *Übung 1: Gähnen*

Ansteckend gähnen, das bringt die Gesichtsmuskulatur in den für Gesang optimalen Ent-Spannungszustand und vermittelt ein Gefühl von der »Weite des Kopf-Innenraumes«.

● *Übung 2: Im Stehen singen*

Wenn wir im Sitzen singen, rutschen wir nach vorn und sitzen eher auf dem Stuhlrand, als daß wir uns hinten anlehnen.
Besser ist es, zumindest hin und wieder im Stehen zu singen. Dazu stehen wir wie »der Ochs auf dem Berg« und »schauen ins Tal hinab«: (Fast) auf den Zehenspitzen, die Hacken also kaum merklich erhoben, die Stirn ein wenig gesenkt. Jetzt spielen wir »Opernsänger(in)« – die stehen genauso, ein wenig noch vornüber gebeugt, die Ellenbogen leicht nach außen gedrückt – so kann viel Luft in uns einfallen, so erreichen wir vor allem auch hohe Töne. Ganz wichtig also: Für hohe Töne

eher die Stirn senken als den Hals nach oben recken – hohe Töne kommen aus kurzen Instrumenten (kleine Blockflöte), die Höhe also nicht in der Höhe suchen, denn was dann entsteht ist nicht Höhe sondern Länge, und lange Instrumente klingen tief (Kontrabaß).

1.2 Atmen

● *Übung 3: Der Bauch als Luftballon*

Wir bringen einen Luftballon mit und blasen ihn auf: Das ist unser Bauch! Wann wird er voll und rund – beim Einatmen oder beim Ausatmen? Klare Sache: Der Ballon wird voll und rund durch die hereinkommende Luft. Beim Atmen ist das (nicht nur) vielen Kindern leider gar nicht so klar.
Also einatmen und beobachten wie der Bauch (Luftballon) voll und rund wird. Auch in die Seiten (Flanken) und tief nach unten atmen.

● *Übung 4: Schwimmgürtel aufblasen*

Ein häufiger Fehler ist auch das Heben der Schultern (wie beim Achselzucken). Dadurch verkrampft sich die Atmung, außerdem ist »unter den Schultern« viel weniger Platz für unsere Atmung als im Zwerchfellbereich. Korrektur: Die Luft weit nach unten schicken und einen tief sitzenden imaginären *Schwimmgürtel* aufblasen, oder »ein *Baum mit* tiefen *Wurzeln* werden«.

● *Übung 5: Geführt ausatmen, entspannt einatmen*

Bei den Übungen darf nicht der Eindruck entstehen, als wäre das Einatmen eine große Anstrengung. Im Gegenteil: Bewußt gestalten läßt sich besser die Ausatmung. Für das Einatmen stellen wir eigentlich nur das richtige Körpergefühl bereit. Kinder, die das Einatmen als Aktion auffassen, ziehen den Bauch ein, kommen also genau in die falsche Bewegung, weil Einziehen leichter aktiv zu gestalten ist als entspanntes Raumgeben.
Hilfreich ist es, das Ausatmen durch scharfes, stoßweises Abgeben der Luft als Aktion bewußt zu machen und die Luft anschließend »wie von allein« einfallen zu lassen. Wir tun gar nichts (halten die Luft auch nicht an), dann atmet »es« von ganz allein.
Häufig lassen sich in den Übungen auch schon inhaltliche Bezüge entdecken, dazu im folgenden ein paar Beispiele. Unsere Übung zur Aktivierung des Ausatmens und zum entspannten Einatmen heißt dann z.B.

Der Sabbat schließt die Woche ab:

Sechsmal scharfes Ausatmen auf »fff« mit spürbarem Einziehen des Zwerchfells, das sind die sechs Arbeitstage (bei denen manchem die Luft ausgeht), dann folgt der Sabbat, der Tag der Ruhe und Entspannung, an dem wir wieder »zu Atem kommen« und langsam (durch die

Nase!) Luft holen. In der Nase wird die Luft erwärmt und durch kleine Härchen gesäubert. Wer viel durch den Mund atmet, erkältet sich leichter. Interessanterweise zeigt auch der Verfasser der Paradiesgeschichte (1. Mose 2,7), daß selbst Gott uns durch die Nase belebt hat.

1.3 Stimmbildung

● *Übung 6: Der Walfisch verschluckt Jona*

Wir beginnen mit dem oben beschriebenen Gähnen und öffnen den Mund so weit wie der Walfisch, der den Propheten Jona verschluckte: So ähnlich soll es auch beim Singen sein. Wer bringt zum nächsten Mal einen Weihnachtsengel o.ä. mit, der den Mund beim Halleluja genauso weit aufreißt? Wer bringt einen Trichter samt Schlauch mit und trompetet uns was vor? Der Schlauch ist unser Hals, der Mund ein Trichter – wer ihn nicht öffnet, kann auch nichts rausbringen.
Also: Lautstärke entsteht durch offene Münder, nicht durch Druck auf die Kehle, das macht nur heiser!

● *Übung 7: Die Glocken läuten*

Wieder aus obigem Gähngefühl heraus schicken wir ein wiederholtes »Ding-Dong-Ding-Dong…« in unseren »Glockenturm«, die Stirnhöhle. Den Ton wollen wir nicht im Hals spüren, auch nicht auf den Lippen, er bewegt die Nase und »hallt« noch höher in unserer »Kopf-Kuppel« nach, dazu spüren wir auch dem Klingen des »…ng« stets ein wenig nach, bevor wir neu ansetzen. (Haltung am besten wie oben beschrieben: Stehen wie »Ochs und Opernsänger …«, als wollten wir jemand auf unsere Hörner nehmen.)

● *Übung 8: Fünf Vokale – Gottes Name*

Obwohl es auf eine falsche Übertragung des alttestamentlichen Gottesnamens »Jahwe« zurückzuführen ist, hat sich vielerorts lange die Lesart »Jehova(h)« gehalten. Wir finden sie in alten Gesangbüchern (z. B. »Dir, dir Jehova will ich singen«) in Gedichten (z.B. Heines biblicher Ballade »Belsazar«) und nicht zuletzt bei den »Zeugen Jehovas«.
In alter Schreibart war überdies J = I und V = U, so daß der Gottesname alle fünf Vokale in sich vereinigte. Ein hübsches, klingendes Sprachspiel (»IEOUA«) und Gegenstück zum alttestamentlichen Original, das in seinem Tetragramm (»JHW«) nur Konsonanten schrieb.
Diese fünf Vokale lassen wir nun klingend ineinander übergehen, erkunden die Klangräume: Welcher Vokal öffnet uns den Mund am weitesten, welcher spitzt die Lippen? Wir singen von der engen zur weiten Einstellung, versuchen die Weite zu halten, wenn wir in die Enge zurückkehren. Anschließend singen wir ein Loblied auf den Schöpfer.

● *Übung 9: Jericho – die Mauern fallen*

Es gibt Töne, die bringen Gläser zum Zerplatzen – da soll es uns nicht wundern, wenn Jerichos Mauern wirklich eingefallen sind, weil Josuas Posaunenchor über kräftige Lungen verfügte.
In oben bereits geübter Haltung lassen wir verschiedene Töne in unsere »Klangkuppel« steigen und experimentieren mit anschwellender Lautstärke. Welchem Klang trauen wir am ehesten zu, in Jericho die Mauern einstürzen zu lassen? (Nicht schreiend auf die Kehle drücken, sondern »durchdringende« Töne voller »Kopfresonanz« erzeugen!)

● *Übung 10: Nicht im Sturm, sondern im Säuseln*

In 1. Könige 19 darf der Prophet Elia die Erfahrung machen, daß Gott nicht in Sturm, Feuer und Erdbeben, sondern vielmehr in einem stillen, sanften Säuseln an ihm vorbeizieht: Es ist nicht nur das Laute, auf das wir achten und das wir üben müssen, ganz im Gegenteil. Wir lassen die Luft tief in uns einfallen und halten ihr beim Ausatmen einen langgehaltenen, leisen »Sauseton« entgegen, z.B. ein (stimmhaftes) »S«. Ziel: Langer Ton, so wenig Luft wie möglich abgeben.

● *Übung 11: Wellenberge*

Auf Tonsilben wie »Ja-ja-ja-ja-ja-ja-ja« und »Jaaaaaaa«, »Nü…« u.ä. gleiten wir einen Vierklang (Dreiklang c-e-g und die Oktave c noch einmal oben aufgesetzt) hinauf und herunter. Da sitzen z.B. die Jünger neben dem schlafenden Jesus im Boot und die Wellenberge schlagen immer höher (wir beginnen die Vierklangsfolge nach oben zu verschieben), schließlich scheint sogar das Boot zu versinken (wir schieben die Folge nach unten) … All dies hilft in einen größeren Ambitus (Stimmumfang) hinein, setzt allerdings schon bei einer Oktave an. Mit jüngeren und/oder ungeübten Stimmen erfinden wir ähnliche Übungen einfacherer Art und singen uns z.B. im Quintrahmen (Fünftonabstand z.B. von »c« bis »g«) rauf und runter, ehe wir auch dies immer höher bzw. tiefer versuchen.

● *Übung 12: Tarzan bebt – der Dschungel lebt*

Scheinbare Brummer, die keinen Ton zu treffen meinen, fordern wir zum »Tarzan-Duell« und singen ihnen prägnant gestaltete kleine Motive (mehr oder weniger im Rahmen einer Rufterz) vor, die sie echoartig wiederholen sollen. Auf Schönheit kommt es jetzt nicht an, die Kinder müssen das Ganze spielerisch nehmen können. Vielleicht gehen wir mit ihnen (falls möglich) kurz in einen anderen Raum. An Tarzans Schrei zu erinnern, ist für manchen vorpubertären Knaben eine Hilfe: Wer stark und laut sein will, muß sich im doppelten Wortsinn in die Höhe schwingen.

2. Praktische Tips zum Einsingen neuer Lieder

1. Wenn ich will, daß die Kinder auswendig singen, sollte ich das Lied auch auswendig beherrschen.

2. Hat das Lied einen eingängigen Refrain oder sonst eine besonders eingängige Passage, so kann ich das Mitsingen der Kinder vorerst auf diesen Teil beschränken.

3. Ansonsten übe ich das Lied in Abschnitten, die sich gut auf einen Atem singen lassen. Ich singe vor, die Kinder singen nach. Also müssen Einschnitte vermieden werden, von deren Schlußton aus die Kinder den Anfangston nicht finden. Dieses »Echo-Singen« oder »Ruf- und Antwort-Schema« (»Call & Response«) sollte nicht »verschult«, sondern schon wie ein kleines Arrangement wirken. Um dies zu erreichen, spreche ich möglichst gar nichts zwischendurch, sondern lasse Vor- und Nachsingen direkt aufeinander folgen. Eventuell doch nötige Erläuterungen spreche oder singe ich in den weiterlaufenden Prozeß hinein, ohne das Metrum (s. Kapitel 3.1) zu unterbrechen (wie der »Caller« beim »Square-dance«).

4. Lange und/oder schwierige Lieder vorerst auf einen in sich stimmigen Teil beschränken. Erst beim nächsten Mal verraten, wie es weitergeht.

5. Schwierige Worte werden erklärt, schwierige Rhythmen oder Zungenbrecher erst einmal nur gesprochen (vgl. Kapitel 3).

6. Der Tonhöhenverlauf kann durch Handzeichen angezeigt werden. Dazu können verschiedenste Systeme benutzt werden:

— Die Tonhöhe wird mit der flachen Hand frei in die Luft gesetzt.
— Die ausgestreckten Finger der linken Hand stehen für fünf zentrale Töne des Liedes, auf die jeweils der Zeigefinger der rechten weist.
— Die ausgestreckten Finger der linken Hand stehen für die fünf Notenlinien, der Zeigefinger der rechten zeigt nun die Tonhöhe auf den Linien bzw. in den Zwischenräumen an.

Allen Alternativen gemeinsam ist das Zeigen zeitlich etwas vor dem Singen. Nachteilig kann sich insbesondere bei extrem hohen oder tiefen Tönen das für ihre Erzeugung notwendige gegenteilige Körpergefühl auswirken: Ein tiefer Ton entsteht eben nicht bei nach unten

gesenktem Kopf, sondern bei lockerer aber aufrechter Haltung und einem eher langen gereckten Hals. Den leicht gesenkten Kopf brauche ich eher für hohe Töne: Tiefe Töne brauchen eben lange »Flöten« und hohe Töne kurze.
Ich muß also abwägen, ob die Gruppe wirklich noch ein Tonhöhenzeichen braucht, oder ob meine beispielhafte Körperhaltung und Klangeinstellung für einen richtigen Stimmsitz nicht wichtiger sind.

7. Viele Schwierigkeiten werden leichter gemeistert, wenn wir anfangs etwas langsamer singen. (Manches wird aber auch schwieriger, wenn man zu langsam singt; ausprobieren!)

8. Möglichst genau analysieren, welche Stelle mir selbst schwer fällt und diese gezielt üben. Ist z.B. ein rhythmischer Baustein schwierig, kann dieser durch mehrfaches Vor- und Nachklatschen isoliert werden. Bei schwierigen Tonsprüngen kann es hilfreich sein, an einen gleichen Sprung in einem bekannten Lied zu erinnern usw.

9. Am Liedanfang und beim Beginn jeder neuen Strophe deutlich einsetzen: Die Kinder auffordernd anschauen, deutlich einatmen (Mund öffnen, Luft in Bauch fallen lassen, nicht die Schultern heben!), dann muß ich gar nicht dirigieren, obwohl eine kleine Handbewegung hilfreich sein kann.
Als kleine Intonation bietet sich auch das Summen der Schlußzeile an.

10. Jugendliche und Erwachsene nehmen in der Regel die Stimmbandspannung des Vorsängers ab, Kinder häufig die absolute Tonhöhe. Bei einem männlichen Vorsänger kommt es daher gelegentlich vor, daß viele eine Oktave zu tief ansetzen.
Hier kann das Intonieren mit einer Blockflöte (oder anderem Instrument in richtiger Lage) Abhilfe schaffen, mit der Zeit gewöhnen sich die Kinder allerdings auch an die Tonabnahme von der Männerstimme.

11. Nicht sklavisch die Tonart der Notenvorgabe übernehmen: Neuere Noten für Jugendliche und junge Erwachsene sind häufig für die Kinderstimme zu tief gesetzt, ältere Kinderchorliteratur für ungeübte zu hoch. Eine gute Orientierung ist das Anfängerspiel auf der Sopranblockflöte: Über dem zweigestrichenen d wird es schwierig, unter dem eingestrichenen c geht nichts mehr. Dem korrespondiert die Kinderstimme. Manches Lied hat allerdings nur im Auftakt einen tiefen Ansprungston. Um in solchen Fällen nicht insgesamt zu hoch zu landen, können diese Quartauftakte ausnahmsweise bis zu einer kleinen Terz unter dem eingestrichenen c liegen, zumal es sich dann ohnehin um Melodien für etwas Ältere handeln wird. Einfache Tonhöhenverschiebungen ergeben sich für Gitarristen durch Aufsetzen eines Kapodasters (im Fachhandel beraten lassen!) und Beibehaltung der Griffe.

3. Rhythmisches Sprechen

3.1 Was einen Text formal bestimmt

Text und Melodie sind die (primären) Komponenten des Liedes. Aber schon der Text, insbesondere der nach Vertonung rufende, gedichtartige, hat einen mehr oder weniger ausgeprägten Sprachrhythmus und eine Sprachmelodie. Sensibel betrachtet haben sogar noch weitere Komponenten der Komposition ihre Entsprechung im reinen Text:

— *Tempo/Metrum:* Schon beim Lesen des Textes wird man ein bestimmtes Tempo wählen und langsamere oder schnellere als reizvoller empfinden oder aber als unangemessen verwerfen.
— *Takt/Betonung:* Bei regelmäßigem Wechsel von betonten und unbetonten Silben entsteht ein Versmaß, das dem Musiker mehr oder weniger den Takt vorgibt.
— *Rhythmus:* Lange und kurze Vokale, Sinnabschnitte usw. gliedern den Text in kurze und lange Elemente und fordern bestimmte Notenwerte.
— *Melodie:* Hebungen und Senkungen der Silben hängen zum einen mit ihrer Betonung zusammen, aber auch mit der Stellung der Worte im Satz: Vor Komma und Fragezeichen hebt sich die Stimme, zum Punkt senkt sie sich. Höhepunkte einer inhaltlichen Aussage wird der geschulte Redner auch als Höhepunkt seiner Sprachmelodie setzen.

Die hier gewählten Begrifflichkeiten scheinen mir für eine weitere Unterscheidung die klarsten zu sein, obwohl der Sprachgebrauch seine Tücken hat. Denn der Musiker meint mit »Metrum« den Grundschlag, d.h. die mitlaufend gehörte (Metronom) oder gedachte Zählzeit (wippende Zehenspitze manches Vortragenden). Der Dichter dagegen versteht als Metrum bereits das Versmaß, das der Musiker als Takt wahrnimmt. Da aber das Versmaß je nach Kulturkreis eher als Betonung durch Lautstärkeunterschiede, durch Länge statt Kürze oder durch Hebung statt Senkung verstanden wird bzw. als Ergebnis einer unterschiedlichen Gewichtung aller drei Faktoren, ist die Sprachverwirrung vorprogrammiert.
Soviel aber dürfte deutlich geworden sein: In der Regel ist bereits der Text ein schon bezüglich seines Klanges komplexes Kunstwerk, das

daher hier auch als Medium für sich kurz betrachtet werden soll. Im Zusammenhang mit Liedern ergeben sich zumindest folgende Ansatzpunkte:

— Spiel mit Einzelworten als Sensibilisierung für das Große im Kleinen.
— Beschäftigung mit dem Text eines Liedes als Hinführung zum Lied.
— Gestaltung eines Textes als Sprechmotette.

3.2 Spiel mit Einzelworten

1. Beispiel: »Ich habe dich bei deinem Namen gerufen«

Wir sitzen im Kreis und alle oder eine(r)/einige schlagen mit der Hand auf dem Oberschenkel den Grundschlag (Tempo, Metrum). Nun beginnt jemand und spricht rhythmisch den Namen eines anderen, der ruft den Nächsten usw. bis alle genannt wurden.

VARIATIONEN:

— Wir schlagen dazu nicht den Grundschlag, sondern einen Takt, betonen also den ersten von jeweils drei (3/4) oder vier (4/4) Schlägen. Verändert sich unser Sprechen? Beginnen alle Namen mit der lauten Silbe oder gibt es »auftaktige« Namen? (Vgl. »*Vol*-ker«, aber »Sa-*bi*-ne« und noch schwieriger »Chris-ti-*a*-ne«. In der Regel wird das betonte »a« auf die betonte Zählzeit »1« gerufen, lauter, höher und länger als die vorangehenden Silben.)
— Wir erweitern die Spielregel nach Absprache in der Kindergruppe: Niemand darf doppelt gerufen werden. Passiert es dennoch, so antwortet dieses Kind: »Ich war schon!«
Wer als letztes gerufen wird, darf beim nächsten Mal (oder einem anderen, jetzt folgenden Spiel o.ä.) anfangen.

2. Beispiel: »Geschichte aus sieben Worten«

Wir reduzieren eine Geschichte auf ihre sieben Kernworte. Das kann vorbereitend oder mit den Kindern gemeinsam geschehen, vor oder nach der ganzen Erzählung, zum Erraten, als Festigung, als Klangspiel:

»Mo-se, Pha-ra-o, Volk, fort-zie-hen, Schilf-meer, hin-ter-her-ja-gen, O Gott!«

Schon hier spielen »künstlerische« Kriterien eine Rolle, müssen Form und Inhalt gleichermaßen bedacht werden:

— Welche Worte klingen gut? Habe ich genügend unterschiedliche Klänge bzw. verschiedene Rhythmen für die Sprechgestaltung?
— Welche Worte sind mir theologisch wichtig? Kommen die Kernvokabeln vor, welche die Kinder später erinnern sollen?

— Habe ich eine kleine Pointe, einen treffenden Schluß, eine Steigerungsmöglichkeit, eine hintergründige Mehrdeutigkeit bedacht? (Hier z.B. das »O Gott«, in dem Floskelhaftes ebenso wie echte Anrufung mitschwingen, Erschrecken und Bittruf angesichts der nachjagenden Ägypter und des Schilfmeeres als Hindernis, aber auch Erstaunen und Danksagung angesichts der Errettung. So kann dasselbe Wort mit unterschiedlichen Nuancen mehrfach im Verlauf der ständig anders kombinierten »Sieben-Wort-Geschichte« auftauchen.)

3.3 Spiel mit dem Text als Hinführung zum Lied

1. Zungenbrecher und schwierige Rhythmen vorweg üben

Schwierige Rhythmen, Synkopen (= Betonungen eines unbetonten Taktwertes), ungewöhnliche Textverteilungen usw. sollten erst einmal ohne Hinzunahme der Melodie geübt werden. Das kann durchaus spielerisch geschehen, z.B. durch die »Echoübung«: Die Singleitung spricht vor, die Kinder nach, dann wiederholt eine Hälfte der Kinder, die andere folgt … Oder es wird »Rap-artig« der ganze Text (evtl. zu Gitarrenbegleitung) gesprochen.

2. Spiel mit Elementen

Während die vorhergehende Übung letztendlich auf Verständnis für den rhythmischen Gesamtzusammenhang zielte, geht es hier um rhythmische, klangliche, stimmungsgemäße Einzelmotive:
Stellen wir uns ein Lied vor, in dem ein langgezogenes »müde« vorkommt und wenig später ein federndes »auf-ge-weckt«. Wir spielen nun mit beiden Elementen: Zuerst strecken wir die Arme aus wie beim Gähnen und lassen ein langes »mü---de« erklingen. Dann lassen wir die Hände auf die Oberschenkel fallen und federn im Rhythmus auf und nieder: »auf-ge-weckt!«

3. Textverständlichkeit herausstellen

Alle sprechen leise (aber exakt) einen Liedtext. Immer der Reihe nach darf ein Kind eine Lieblingspassage aus dem Text laut und deutlich betonen, also quasi als Solist hervortreten. Dabei kann es sich sowohl um die Passage handeln, bei der die anderen auch gerade sind (homophones Denken), als auch um eine beliebige andere Textstelle (polyphones Denken).

4. Sprechkanon

Schon ohne Berücksichtigung der Melodie kann es reizvoll sein, einen Kanon als Kanon zu sprechen und entsprechend versetzt nacheinander einzusetzen.

3.4 Sprechmotette

Wer nicht einfach vorhandene Liedtexte als Sprechspiele umarrangieren oder auf fertige Sprechmotetten zurückgreifen will, sollte versuchen all jenen Stoffen eigene Texte abzulauschen, in denen das Skandieren, das gemeinsame rhythmische Sprechen schon von sich aus beheimatet ist:
Während das melodische Element Lyrik (von »Lyra« dem griechischen Saiteninstrument) im engsten Sinn sucht und vorzüglich die Stimmung des einzelnen zu transportieren weiß, lebt die Sprechmotette vom chorischen Sprechen, vom An- und Abschwellen der vielen, vom Wechsel der Gruppen und Solisten.
Wir brauchen also Szenen, denen all diese Elemente schon innewohnen, z.B.:

— Den Chor der Schöpfungswunder
— Die vielen Turmbauer in Babel bis zur Sprachverwirrung
(Das Sprachwunder an Pfingsten scheint mir eher eines zu sein, das seine »Einheit in der Vielfalt« mit dem »Wunder« eines gesungenen Kanons teilen möchte.)
— Josef und seine Brüder
— Das Volk um Mose (Aaron und Mirjam)
— Jünger und Volk um Jesus als dieser …

1. Beispiel zur eigenen Ausgestaltung: Der Zug durchs Schilfmeer

Wer spricht im folgenden zu wem? Wo teilen wir den »Chor« noch einmal auf? Welche Textpassagen lassen sich wiederholen? Was fehlt noch und muß von uns selbst geschrieben werden?

Mose, schau nur, die uns jagen
sind schon da mit Roß und Wagen.

Mose, schau! Mose, schau!
Meinst du wirklich, das war schlau? (Refrain?)

Ja, wir haben schwer geschuftet,
aber du sprachst: Kommt, verduftet!

Lieber leben unter Plagen
als dem Leben hier entsagen.

Mose, schau nur, die uns jagen
sind schon da mit Roß und Wagen.
(Wiederholung lauter und eindringlicher als anfangs!)

Liebe Leute, gebt doch Ruh,
Gott wird helfen, seht nur zu.

Wasserwogenwinde wallen (Finden wir noch mehr »W-Worte«?)
Israel kommt durch mit allen,
doch die Wagen bleiben stecken
und Ägypten packt der Schrecken.

Welche Einzelworte können als Schreie, Rufe oder als regelmäßige Wiederholung hinzukommen, Mehrstimmigkeiten bilden, Spannung auf- und abbauen helfen?

Später in der Wüste kann uns dann die theologische Randbemerkung zu »Manna« zu einem kleinen Sprechspiel verhelfen (vgl. 2. Mose 16, 15 »Manna« von »Man hu« d.h.: »Was ist das?«):

Und das Volk vom Hunger blaß
fand am Morgen was im Gras:
»Wasn das? Wasn das?«
»Gott schenkt Brot und dies ist das!
Gott schenkt Brot und das ist dies,
was man darum Manna hieß!«

Dazu als wiederkehrender Sprechgesang, auch mehr oder weniger schon mit deutlicher Melodiebildung: »Manna, Manna …!« Dieser durchgängige Gesang geht dem Sprechvers voraus, begleitet ihn und läuft langsam verebbend über ihn hinaus.

2. Beispiel (ausgestaltet):

Der Turmbau zu Babel

Siegfried Macht

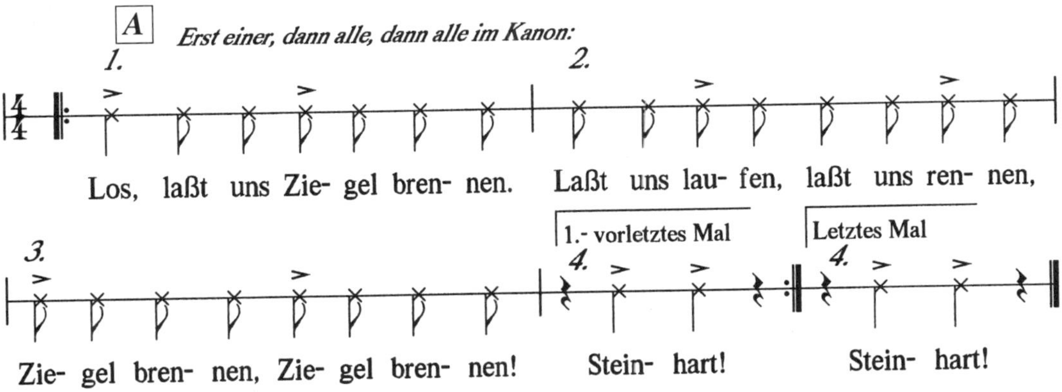

Weiter auf der nächsten Seite ▸▸▸

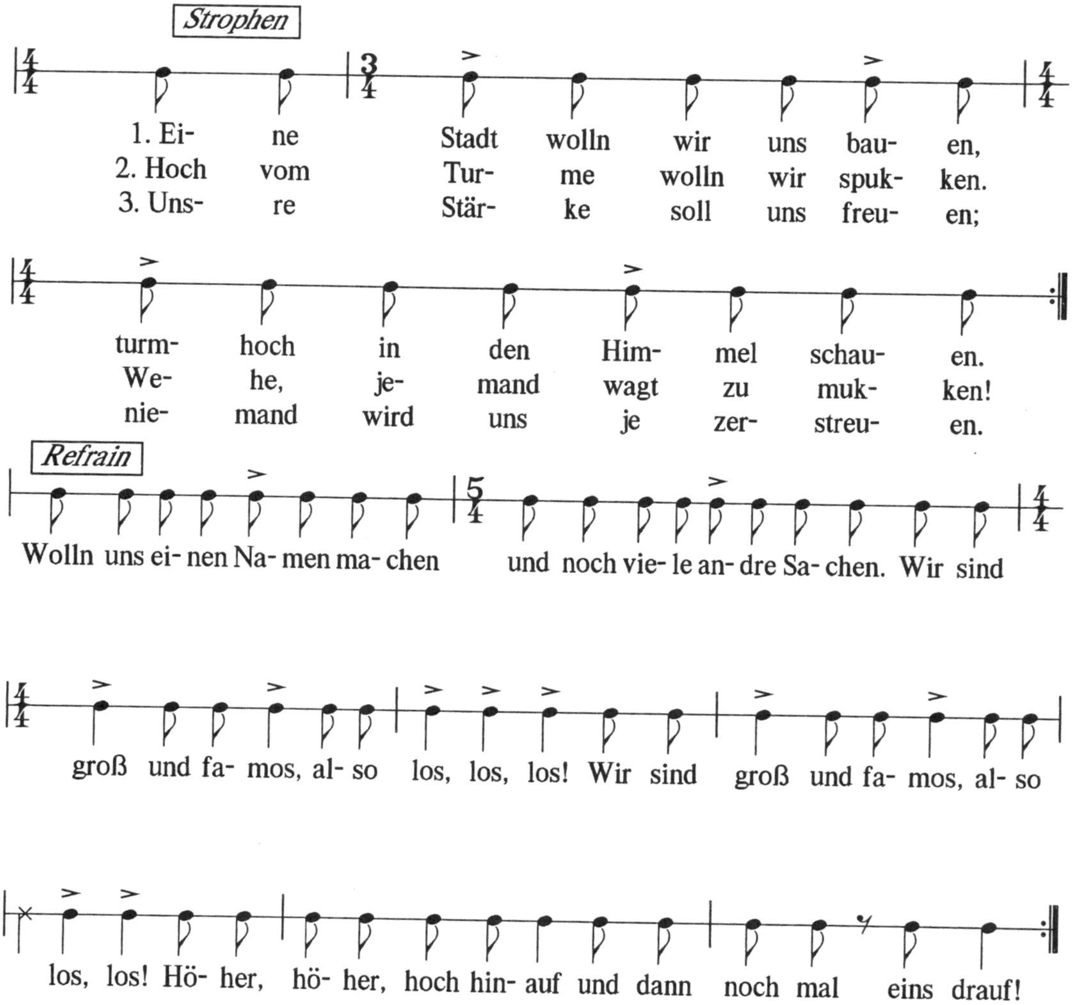

B

2. Strophe eventuell gesungen wiederholen:

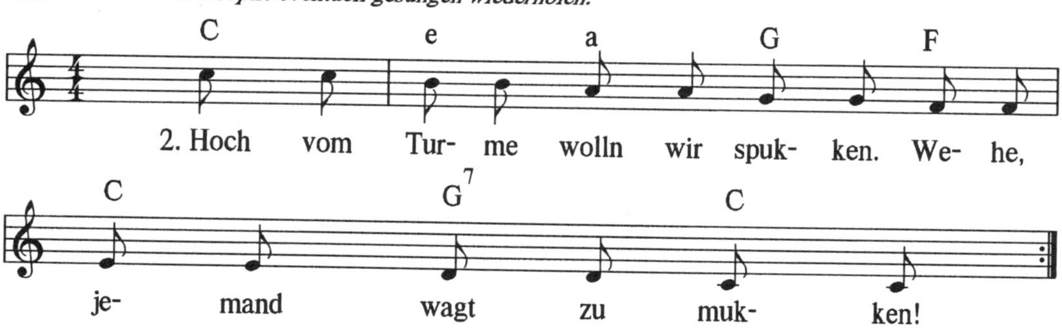

C

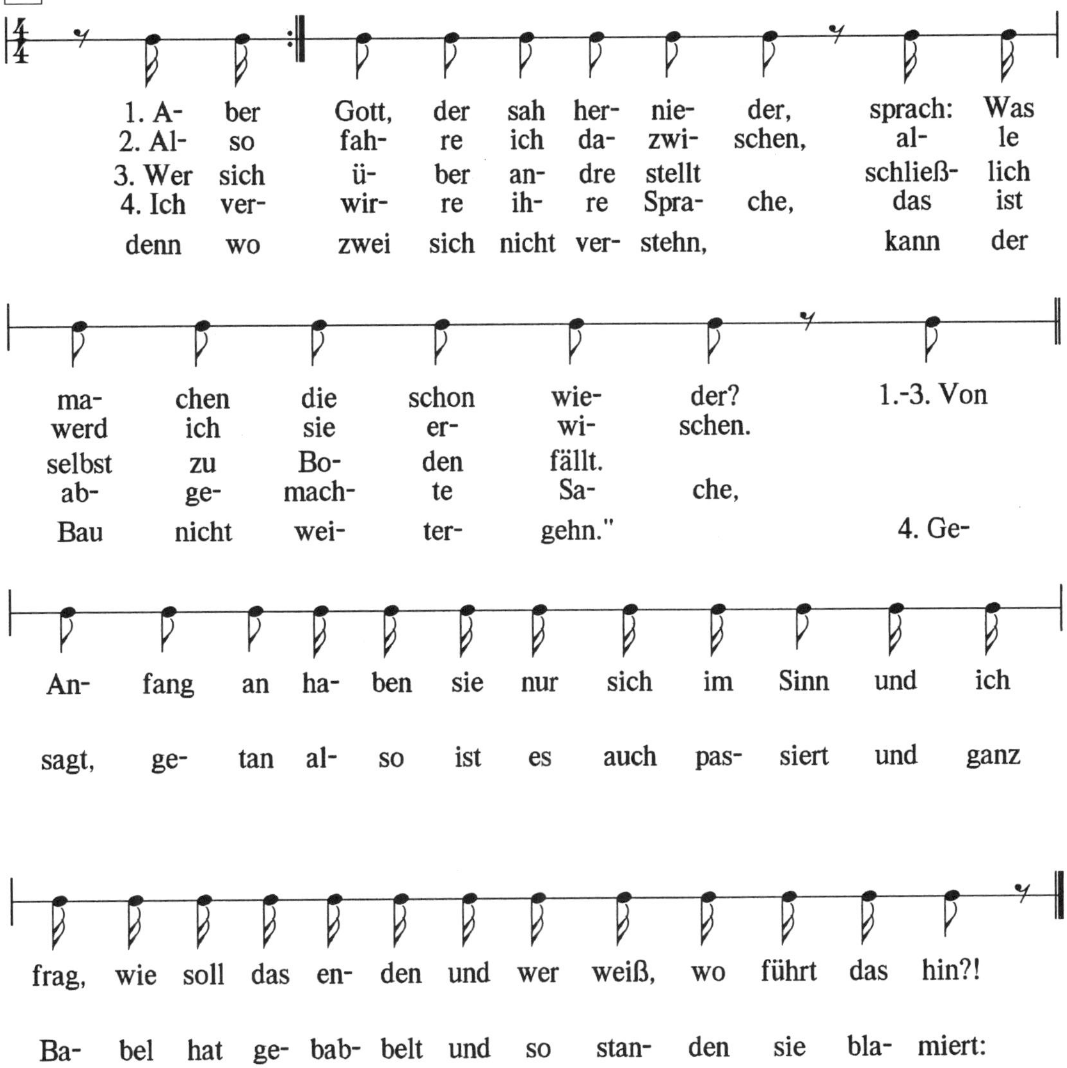

D *Erst alle gemeinsam, dann im Kanon :*

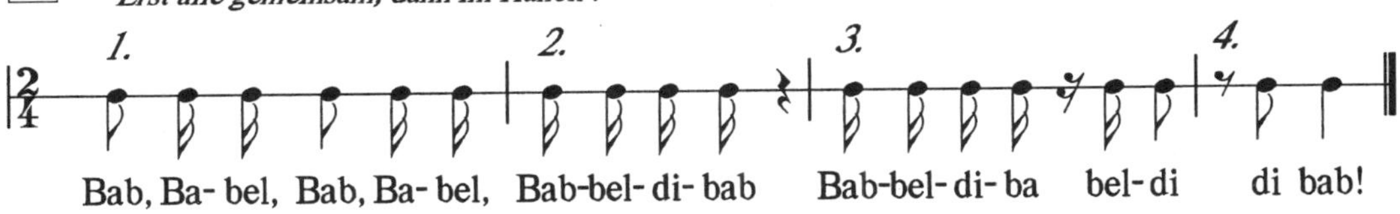

E

Insbesondere zum B-Teil als Ostinato mit Swingfeeling:

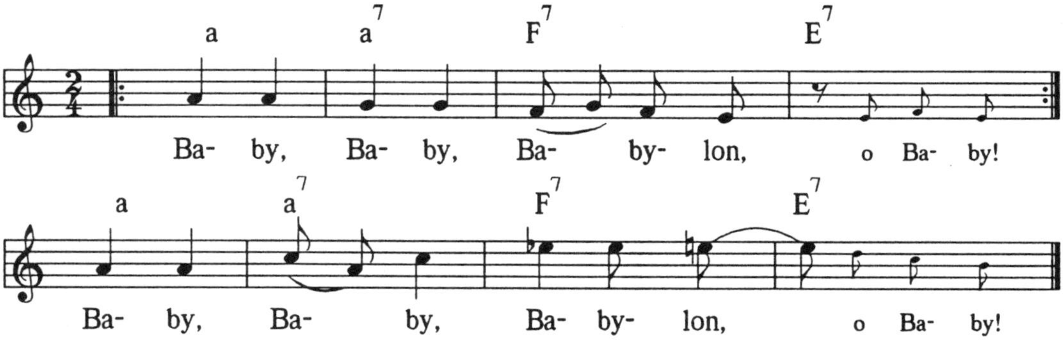

4. Liedbegleitung mit Instrumenten

4.1 Körperinstrumente

Hände und Füße sind unsere »Körperinstrumente«, gelegentlich wird auch der Mund, der nicht nur singen, sondern auch Rhythmusinstrumente nachahmen kann, hinzugerechnet.
Die Körperinstrumente haben den großen Vorteil, daß wir sie *immer* und in *ausreichender Anzahl* dabei haben. So sind sie über ihre Eigendynamik hinaus auch gute Wegbereiter für Musikinstrumente, die nicht für jeden in der Gruppe reichen.
Wenn wir Rhythmen und Spieltechniken solcher Instrumente erst einmal gemeinsam mit Hand und/oder Fuß vorbereiten, entfällt das lästige Stören der sonst gelangweilten anderen. Es bekommt eben dann nicht nur eine(r) am »echten« Instrument etwas erklärt, sondern alle machen gleich mit.

● *Übung 1:*

Wir klatschen zu einem beliebigen Lied (das Metrum = den Grundschlag = den Puls). Das kennen und können alle; so klatscht zum Beispiel auch das Fernsehpublikum die Hitparade mit. Aber genau das ist auch die anspruchsloseste Art rhythmischer Begleitung und des Klatschens nicht wert. Für das Klatschen werden wir später etwas Originelleres lernen, jetzt *schlagen* wir im bisherigen Klatschtempo erst einmal mit der (wenn wir Rechtshänder sind rechten) Hand auf den (rechten) *Oberschenkel.*

● *Übung 2:*

Wir *stampfen* und *klatschen* im Wechsel, das geht zwar auch im Sitzen, im Stehen aber noch besser.
Dieser Wechsel von »Bumm« (leider klingen viele Fußböden nicht mehr!) und »Klatsch« ist nun schon viel näher am Sound der professionellen Drummer. Jetzt haben wir nämlich den Wechsel zwischen »Bass-Drum« (großer Baßtrommel) und »Snare-Drum« (kleiner Schnarrtrommel) des Schlagzeugers nachgebildet. Da beide Instrumente auch wirklich im Wechsel von Tritt auf das Fußpedal und Schlag mit der Hand bedient werden, haben wir (wie in diesem gesamten Kapitel) auch schon Vorübungen für werdende Drummer(innen).

- *Übung 3:*

Wir teilen die Kindergruppe in zwei Hälften, die eine begleitet nach Übung 1, die andere nach Übung 2. Zu fest vereinbarten Liedeinschnitten (Strophenwechsel, Refrain o.ä.) wird gewechselt.

- *Übung 4:*

Wir kehren alle zum *Oberschenkelschlag* der ersten Übung zurück und zählen dabei unentwegt bis vier. Sobald das funktioniert, fügen wir zwischen allen Ziffern ein »und« ein: 1 + 2 + 3 + 4 + 1 + …
Dadurch haben wir das Sprechtempo gegenüber den Oberschenkelschlägen verdoppelt, deren Tempoverdoppelung vorbereitet: Jetzt nämlich verdoppeln wir auch das Tempo der Schläge, schlagen auf Zahl und »+« gleichermaßen.

- *Übung 5:* Zweite und vierte Übung kombinieren.

- *Übung 6:*

Wir schlagen im Zeitmaß der 4. Übung und betonen jeden ersten von zwei (drei, vier) Schlägen.

- *Übung 7:* Zweite und sechste Übung kombinieren.

Jetzt können wir bereits ein auch in der Popmusik häufig genutztes dreistimmiges »Schlagzeug-Pattern« darstellen und damit die Mehrzahl aller (nicht nur religiösen Kinder-)Lieder begleiten. Siehe dazu die Beispiele Pattern I–III auf der rechten Seite (»Pattern« d. h. Muster, Modell).
Pattern I bringt den Grundschlag mit einem einfachen Wechsel zwischen Bass- und Snare-Drum (großer und kleiner Trommel), die Pattern II und III zeigen Variationen mit Verdoppelungen der Bass-Drum, ebenso können auch die Snare-Drum-Schläge verdoppelt werden.
Das Zeichen »>« kennzeichnet die betonten Schläge, »v« die noch betonteren.

4.2 Rhythmusinstrumente

Pauke und große Handtrommel

Nun übertragen wir das eben Gelernte auf die gängigen Rhythmusinstrumente: In Ermangelung von »Bass-Drum« und Fußpedal ist unser tiefstes Rhythmusinstrument in der Regel die *Pauke* oder eine große *Handtrommel/Rahmentrommel.*
Vor allem die Pauke müssen wir bei der rhythmischen Liedbegleitung aber mit einem Tuch dämpfen. Die Pauke ist strenggenommen vom Bau her ein Fellinstrument, aber vom Klang her keine Trommel, sondern

Ebene	Drums	Körperinstrumente	Orffinstrumente
III	Hi-Hat	Schenkel	Triangel
II	Snare-Drum	Klatschen	Klanghölzer
I	Bass-Drum	Stampfen	Pauke mit Tuch

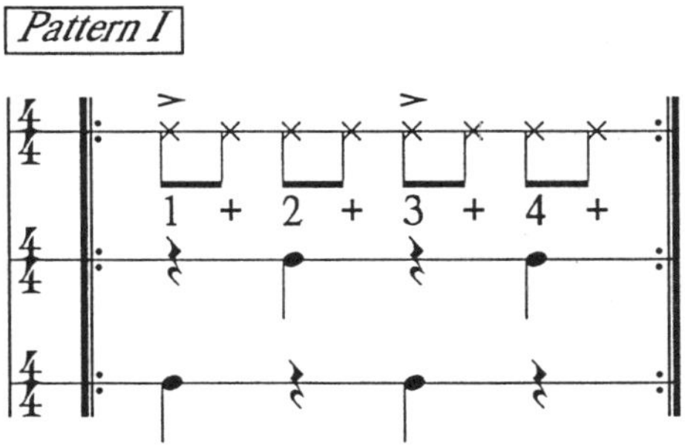

Ebene	Drums	Körperinstrumente	Orffinstrumente
III	Hi-Hat	Schenkel	Triangel
II	Snare-Drum	Klatschen	Klanghölzer
I	Bass-Drum	Stampfen	Pauke mit Tuch

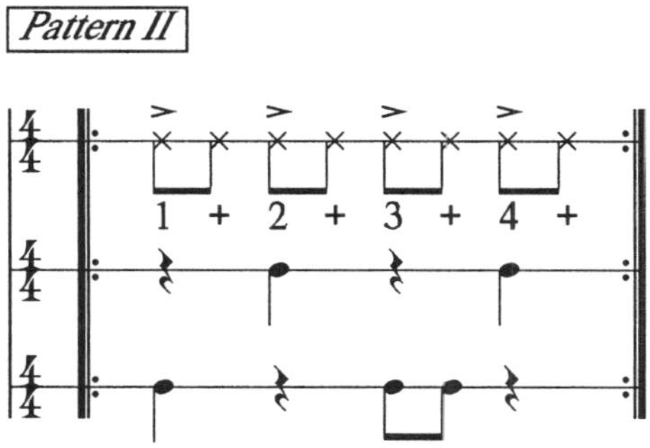

Ebene	Drums	Körperinstrumente	Orffinstrumente
III	Hi-Hat	Schenkel	Triangel
II	Snare-Drum	Klatschen	Klanghölzer
I	Bass-Drum	Stampfen	Pauke mit Tuch

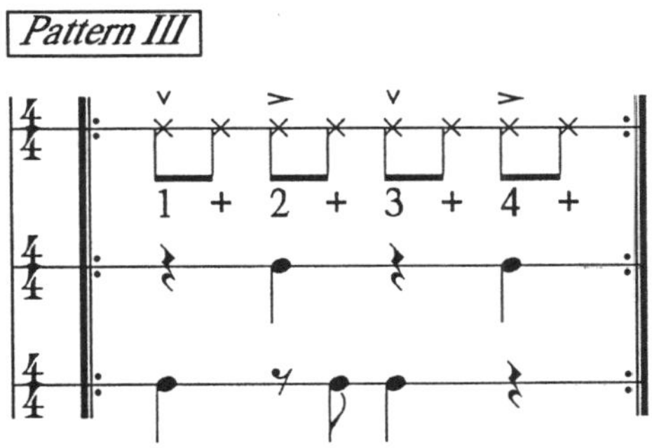

eher ein Baß. D.h. sie gibt kein dumpfes *Geräusch* (Obertöne in unregelmäßigem Zahlenverhältnis), sondern einen Klang bzw. Ton (Obertöne in regelmäßigem Zahlenverhältnis) ab. Dieser deutlich und lang nachklingende Ton müßte nun genau auf die Tonart des Liedes abgestimmt werden, und würden mehrere Begleitharmonien innerhalb des Liedes wechseln (was der Laie am Wechsel der Gitarrengriffe über den Noten erkennt), so bräuchte man eigentlich entsprechend viele verschieden gestimmte Pauken für ein und dasselbe Lied.
Um dies zu vermeiden und mit einer Pauke alles zu begleiten, noch

dazu einen »Soundgewinn« in Richtung »Pop« zu verzeichnen, legen wir ein Tuch über das Paukenfell und achten auf den völlig veränderten Klang: Tonlos, geräuschhaft, dumpf wie das »Bumm« der Bass-Drum haben wir nun nur noch einen relativ hell oder dunkel klingenden Sound, keine absolute Tonhöhe mehr.
Die Pauke schlagen wir mit einem großen weichen Schlegel an, die Handtrommel mit der Hand oder mit einem nicht zu harten Schlegel.

Claves (Klanghölzer)

Die Klanghölzer übernehmen die Funktion des Klatschens: Sie knallen besonders laut, wenn man den einen Stab auf die gewölbte linke Hand legt und dann mit dem rechten drauf schlägt. Es lohnt sich auszuprobieren, welcher Stab schlägt und welcher klingen sollte, denn auch gleich aussehende Stäbe klingen gelegentlich recht unterschiedlich.

Triangel

Die Oberschenkelschläge übertragen wir auf die Triangel. Wichtig ist, daß wir die Triangel nicht oben am Schnürchen halten, sondern auf die ausgestreckte Hand legen, so daß diese durch Öffnen (»o«) und Schließen den Klang der Triangel beeinflußt. Wir halten anfangs die Hand um eine Seite der Triangel geschlossen und beginnen mit ruhigen Schlägen. Anschließend verdoppeln wir das Tempo (Vorübung mit Zählen s.o.).
Während zum Grundschlag die geschlossene Haltung genügt, kann ein Öffnen z.B. auf Zählzeit »4+« besonders interessant klingen. Dadurch ahmen wir das Öffnen des »Hi-Hats« (Doppelbecken des Schlagzeugers) nach. Ein solches Öffnen auf unbetonter Taktzeit ist allerdings sehr schwer. Einfacher als auf »4+« die Hand zu öffnen, ist es auf »1« jeweils zu schließen: Das kommt (bei leichterer Vorstellung) auf dasselbe Ergebnis hinaus (weil ich auf »4+« automatisch öffne, um auf der folgenden »1« zu schließen).

Shicken-Shakes

Alternativ zur Triangel können auch sogenannte »Shicken-Shakes« die Rolle der Oberschenkelschläge und damit die Verdoppelung der Zählzeiten übernehmen.
Die früher üblichen Rasseln, Maracas/Rumbakugeln und andere großräumige Shaker sind für Kinderhände ungeeignet. Nicht nur, daß die größeren manchmal wirklich schwer zu halten waren, sondern auch das »Timing« gelingt fast nie: Je größer der Raumweg ist, den die Kleinteilchen in einem Schüttelinstrument zurücklegen müssen, um so eher müßte das Kind die dazugehörige Bewegung ausführen, d.h. Bewegung und Klangereignis klaffen auseinander, die Töne großer Shaker klappern beständig hinterher.

Zusammenspiel

Die größten Probleme beim Zusammenspiel entstehen, weil Pauke und Klanghölzer nun nicht mehr wie Stampfen und Klatschen vom selben Kind ausgeführt werden, sondern auf zwei Personen verteilt sind. Anstelle eines regelmäßigen Wechsels von »Bumm« und »Klack« stellt sich Klang und Bewegung nun wie folgt dar:

Kind I: Bumm – warten – Bumm – warten.
Kind II: Warten – Bumm – warten – Bumm.

Aber wie lange soll insbesondere Kind II warten, das noch nicht einmal mit dem kräftigen Eingangsimpuls beginnen darf? Nichts ist schwieriger als das Nichts zu denken oder zu tun. Also überbrücken wir jede Pause mit einer Bewegung, die uns tonlos wieder in einen regelmäßigen Wechsel bringt: Beide Kinder zeigen jeweils in ihrer Pause (mit Schlegel bzw. oberem Klangholz) auf das Instrument des anderen. So entsteht eine auch optisch überzeugende gegengleiche Bewegung, welche neben der Stabilisierung der Rhythmik auch die Kommunikation zwischen den beiden miteinander Musizierenden visualisiert.

Dirigieren

Spätestens die letztgenannte Problematik des zeitgerechten Zusammenspiels rührt an die Notwendigkeit des Dirigierens, die sich damit aber auch schon wieder relativiert. Der Laie übernimmt schlicht die zwischen den beiden o.g. Kindern I und II entstehende Scheibenwischerbewegung, d.h. er schlägt (mehr oder weniger einen 2/4-Takt dirigierend) rechts und links andeutend hin und her und federt an den Umkehrpunkten locker zurück.

4.3 Stabspiele

Den geräuschhaften Rhythmusinstrumenten (Percussion) stehen die Instrumente mit fester Tonhöhe für Melodie- und Akkordspiel gegenüber. In der Liedbegleitung mit Kindern nehmen die Stabspiele einen besonderen Platz ein:

— Stab neben Stab angeordnet visualisieren sie Ton für Ton überschaubarer als alle anderen Instrumente. Am ehesten vergleichbar sind sie darin mit Tasteninstrumenten, deren Erlernen sie vorbereiten helfen.
— Jeder Stab trägt seinen Namen. Wer lesen kann, kann ohne Notenkenntnis Töne finden.
— Stäbe lassen sich markieren, aus dem Instrument herausnehmen, als Einzelklangkörper (»klingende Stäbe«) gruppieren, so daß die Menge möglicher Töne auf die gewünschten reduziert werden kann.

— Der Umgang mit Schlegel und relativ großen Stäben hilft zum sinnlichen Erleben des Musizierens bei vergleichsweise grober Motorik. (Welcher Anfänger deckt schon alle Löcher der Blockflöte sauber ab oder erzeugt einen Gitarrengriff ohne klirrende Saiten?)
— Stabspiele fordern und fördern das Auswendigspielen: Der Blick fixiert das Instrument und nicht wie sonst die Noten.

Insbesondere aus letzterem ergeben sich natürlich auch Konsequenzen für eine typische Stabspielbegleitung. Damit sie auswendig beherrschbar ist, sollte eine solche Begleitung folgendes sein:
— nicht zu lang;
— eventuell regelmäßig wiederholbar;
— in der Schlagfolge logisch, z.B. symmetrisch;
— je komplexer, desto stufiger (also ohne allzu weite Tonsprünge).

Die Stabspiele lassen sich unterscheiden in:
— *Metallophone*, deren Klang lange nachhallt. Sie eignen sich für ruhende Töne (Orgelpunkte) und langsam fortschreitende Bewegungen.
— *Glockenspiele*, die kleinere Variante der Stabspiele mit Metallstäben. Sie eignen sich für Oberstimmen und melodieartige Einwürfe.
— *Xylophone,* deren Name für die Kinder schnell herzuleiten ist: »Xylo...« ist eine aus dem Griechischen kommende Vorsilbe für Holz. Deshalb beginnen damit auch die vielen Holzbearbeitungsmittel aus dem Baumarkt. »...phon« bedeutet »Klang« oder »Stimme«, und die Kinder entdecken schnell weitere »Phone«, wobei uns nicht stören darf, daß sie in der Regel schon mit »f« geschrieben werden: Das »Tele-fon« ist ein »Weit-klinger«, das »Mikro-fon« ein »(Aus-)Klein-(mach-groß-)Klinger«.
Das Xylophon schlägt die Brücke zu den Rhythmusinstrumenten, es klingt perkussiver als die anderen Stabspiele, verträgt daher auch schnelle Tonfolgen und geradezu trommelhafte Bearbeitung.

Die Schlegel richten sich in ihrer Größe nach der Größe der Instrumente, die Härte ihrer Kugel bestimmt Lautstärke und Klangfarbe: Ein weicher Schlegel begleitet eher ruhige, tiefe Passagen; ein harter Schlegelkopf bietet sich für dominante und/oder schnelle, hohe Passagen an. Allen Schlegeln gemeinsam ist, daß wir nach dem Anschlag des Stabes zurückfedern müssen (als hätten wir mit dem Finger eine heiße Herdplatte berührt). Bleibt der Schlegel auf dem Stab auch nur für einen Moment liegen, so kann dieser nicht schwingen und klingt stumpf.
Dies geschieht insbesondere, wenn der Schlegel so gehalten wird, daß der Zeigefinger obenauf liegt. Besser ist es, den Schlegel zwischen (obenauf liegendem) Daumen und Zeigefinger zu halten und die Hand anschließend im Gelenk ein wenig zu drehen, so daß die Knöchel sich nach oben und der Daumen sich nach unten bewegen.

Zur Spielweise

Wenn wir, wie hier, von der Liedbegleitung ausgehen, so brauchen wir zunächst auch keine Noten zu lernen. Statt dessen schauen wir auf die Gitarrengriffe über den Noten und spielen die dort notierten Buchstaben als Einzeltöne auf den Stabspielen mit.
Da wir auswendig spielen wollen bzw. müssen, beginnen wir mit kurzen Liedern oder mit Kanons, bei denen in der Regel die Begleitung von vorne einsetzt, sobald die zweite Kanonstimme beginnt. Damit ist der Kanon die ideale Liedform für Stabspieleinsatz, seine Begleitung besteht aus meist nur zwei bis vier ständig in gleicher Reihenfolge wiederholten Tönen. Wer z.B. die Schlagfolge »C-a-d-G« beherrscht, kann schon fast ein Drittel aller neuen Kanons begleiten.
Da wir vorerst jeden Buchstaben als Ton (und nicht als Dreiklang) betrachten, ist es egal ob der Buchstabe groß oder klein, mit oder ohne Zahl oder sonstigem Zusatz notiert ist: Ob »C«, »c«, »C7«, »Csus« oder was sonst alles noch dem ersten Buchstaben folgen kann – wir spielen immer nur den Ton »c«.
Die so entstehenden, regelmäßig wiederkehrenden Tonfolgen werden als *»Ostinato«* bezeichnet.
Manche Lieder können mit einem einzigen Ton begleitet werden, was dann als *Orgelpunkt* hervorgehoben wird.

Die Begleitung mit zwei Tönen gleichzeitig, meist im Abstand von fünf Tönen übereinander, heißt *(Quint-)Bordun.* Dazu nehmen wir einen Schlegel in die linke und einen in die rechte Hand. Was den Tonabstand (»Intervall«) anbetrifft, so zählen der erste und letzte Ton mit. Eine »Quinte«, d.h. ein »Fünftonabstand« auf »c« wäre also **c**-(-d-e-f-)**g**. Spielt man beide gleichzeitig (beidhändig), so erklingt ein kräftiger, herber, archaisch anmutender Klang. Die Quinte ist auch das Begleitintervall des Dudelsacks und der verzerrt rockenden E-Gitarre. (Seltener ist der Quartbordun, der auf dem Viertonabstand aufbaut.)

Beim Begleiten mit einem auswendig zu spielenden Stabspiel-Ostinato sprechen wir die zu schlagenden Tonnamen laut und schon im richtigen Rhythmus vor. Dazu verwenden wir für jeden Ton einen mit gleichem Buchstaben anlautenden Eigennamen, dessen Silbenzahl der Anzahl der Schläge pro Ton entspricht. Müssen wir z.B. 2 x »A« und 2 x »G« spielen, so sprechen wir »An-ton, Gus-tav« und betonen jeweils die erste Silbe. (Als Beispiel siehe das Lied »Gib das Licht weiter«, S. 105).

Treffen wir auf ein Lied, das durchgängig oder über weite Strecken mit einem einzigen Akkord (also einem Buchstaben über den Noten) zu begleiten ist, so können wir uns langsam an den Dreiklang herantasten. Der *Dreiklang* besteht aus den Tönen 1, 3 und 5 der entsprechenden

Tonleiter. Der C(-Dur)-Dreiklang besteht also aus den Tönen c-e-g. Der 1. Ton gibt dem Akkord den Namen. Die anderen sind auf dem Stabspiel übersichtlich abzuzählen, jeweils ein Ton der Tonleiter liegt ungenutzt dazwischen. Wenn wir auf die Vorzeichen (# oder b) am Anfang der Noten achten und die entsprechenden Stäbe auswechseln, fügt sich alles andere (also der Unteschied von Moll- und Durdreiklängen) in der Regel wie von selbst.

Wollen wir die Töne nicht nacheinander, sondern gleichzeitig erklingen lassen, so müssen wir den *Gabelgriff* (für die rechte Hand) lernen: Zusätzlich zu dem Schlegel zwischen Daumen und Zeigefinger wird ein zweiter zwischen Zeige- und Mittelfinger gesteckt. Nun werden beide soweit herausgezogen, daß der Abstand der Schlegelköpfe gerade dem des 3. und 5.Tones unseres Dreiklanges entspricht, den 1. Ton schlagen wir mit dem Schlegel in der linken Hand an.

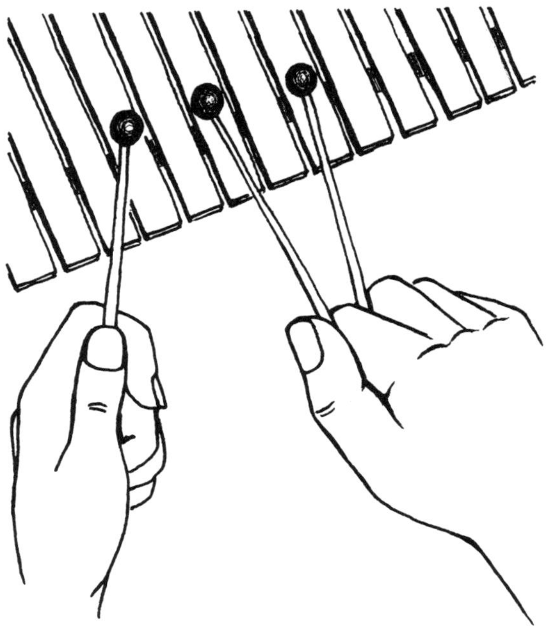

Innerhalb solcher Bordun- und Dreiklangbegleitung können nun die Xylophone analog zu den oben erläuterten drei Schlagzeugebenen aufgesplittet werden: Die linke Hand spielt den 1. Ton im Rhythmus der Bass-Drum (bzw. Pauke oder Stampfer), die rechte den 5. Ton parallel zur Snare-Drum (Klanghölzer oder Klatscher). Der 1. Ton kehrt in hoher Lage als 8. wieder und kann dort im Tempo des doppelten Metrums (Hi-Hat, Triangel, Shicken-Shakes, Oberschenkelschläge) von einem zweiten Spieler (evtl. mit zwei Schlegeln abwechselnd) »getrommelt« werden.

Metallophone und Glockenspiele lassen den 1. und 3. Ton jeweils über halbe oder ganze Takte hinweg erklingen, ehe sie neu angeschlagen werden.

4.4 Selbstbau von Instrumenten

Schnell und überzeugend ist vor allem die eigene Herstellung von:

■ *Shicken-Shakes* u.ä.
Rasseln durch das Füllen von Überraschungseiern (anschließend Nahtstellen mit Tesafilm umkleben), Film- und Tablettenröhrchen mit verschiedensten Kleinteilen (Kies, Sand, Trockenerbsen, Linsen usw.).

■ *Claves/Klanghölzer*
Kann man durch Zersägen alter Besenteile oder Rundhölzer herstellen. Auch dicke, trockene Hartholzäste klingen vergleichsweise gut, wenn sie (s.o.) richtig gehalten werden.

■ *Handtrommeln*
Poster-Versandröhren oder Teppichrollen werden auf verschiedene Längen geschnitten und mit ca. 5 Papierschichten als Trommelfell beklebt. Das (Zeitungs-)Papier wird dazu (einseitig) mit Tapetenkleister eingeschmiert und großflächig mit der Kleisterseite nach unten über den Rand der Röhre gezogen und festgeklebt. Zwischen den ca. 5 Beschichtungen empfiehlt es sich, die vorherige(n) etwas abtrocknen zu lassen. Das endgültige Trocknen strafft dann in der Regel das Trommelfell zu einer klingenden Membran.
Bei dieser Methode entfallen die oft langwierigen Befestigungen von Fellen oder Häuten und die nicht unerheblichen Kosten bzw. Beschaffungsschwierigkeiten. (Im Teppichgroßmarkt nach den Hartpapperollen fragen, auf denen Teppichware geliefert wird.)
Die so entstehenden Trommeln sind zwar nicht sonderlich stabil, aber wohlklingend und schnell zu reparieren bzw. neu herzustellen. Das leicht verletzliche Trommelfell erzieht zudem zu sensiblem Umgang bzw. verlangt als besondere Anschlagsart jene für *»Bongos«*:
Bei abgespreizten Fingern schlagen nur die ausgestreckten Zeigefinger abwechselnd auf die Oberkante der Trommel, nicht auf das Fell selbst. Die Finger berühren also lediglich den Rand (bilden dabei einen knappen 45 Grad Winkel zum »Papier-Fell«).

■ *Triangel, Glocke (»Cowbell«), Becken*
Wir sammeln verschiedenste Metallteile und testen sie auf ihre Klangqualitäten. Meist finden sich als

- *Triangel* und *Glocke* diverse alte Fahrradklingeln, die mit einem großen Nagel angeschlagen werden, auch Metallröhren, die wir oben durchbohren und am Loch mit einem Faden aufhängen.
  Verschiedene lange Röhren in einer Reihe aufgehängt ergeben ein ganzes »Röhrophon«.
- *Becken* und *Gong* ergeben sich aus einer Vielzahl unterschiedlich (nach)klingender großer Keksdosen und ihrer Deckel, die je für

sich aufgehängt oder locker in der linken Hand gehalten werden. Mit rechts probieren wir verschiedene (eher weiche) Stabspielschlegel aus.

Wer einmal den Klang eines großen Blecheimers oder einer alten Blechbadewanne genossen hat, wird keine Sperrmüllsammlung mehr ungefleddert an sich vorbeiziehen lassen … Auch einige flächige Bleche klingen vorzüglich und alles andere als »blechern«.

■ *Trommeln*
Auch hier führt ausgiebige Tätigkeit als Sammler und Jäger bald zum Erfolg. Zahlreiche Behälter aus Holz, Plastik oder Hartpappe ergeben bereits ohne weitere Nachbearbeitung einen guten Sound beim Schlag auf den als »Fell« gebrauchten Boden (verschiedenste weiche Schlegel ausprobieren).

Dergestalt sensibilisiert wittern wir überall »Klangkörper« und leisten damit obendrein unseren Beitrag zum Recycling: Blumentöpfe (Ton), Kaffeedosen und Waschmitteltrommeln sind eben kein Rest-, sondern hochwertiger »Sondermüll«, der glücklicherweise nur unsere Zuhörer zum Strahlen bringt.

4.5 Gitarre

Griffe selber finden

Inzwischen notieren fast alle gängigen Liederbücher über den Noten auch die Akkordangaben für Gitarre. Wer dennoch auf Lieder ohne Griffbezeichnungen stößt, kann sich mit dem Quintenzirkel helfen (siehe rechte Seite).
Wird nach Notenvorgabe gespielt, so verraten die Vorzeichen (# und b) die Tonart und damit in der Regel auch den Anfangs- und Schlußakkord. Dazwischen tauchen eigentlich nur die Akkorde auf, die im Quintenzirkel neben dem Anfangsakkord stehen.
Haben wir zum Beispiel ein Lied mit einem »#« als Vorzeichen, so handelt es sich aller Wahrscheinlichkeit nach um ein Notenbeispiel in G-Dur (oder e-Moll, siehe Innenkreis des Quintenzirkels): Wir beginnen und schließen also mit G-Dur (oder e-Moll) und brauchen ansonsten meist nur noch D-Dur und C-Dur, die Nachbarakkorde.
Sollten im Lied Dur- und Mollakkorde wechseln, so betrachten wir den Außenkreis des Quintenzirkels als Dur- und den Innen- als Mollkreis. Jetzt zeigt uns die Nachbarschaft auch, welche Dur- und Mollakkorde zusammenpassen.
Haben wir zum Beispiel ein Lied in F und eine Stelle, die nach Moll klingt, so wird es meist d-Moll sein, also stets die Parallele im anderen Kreis.

Quintenzirkel

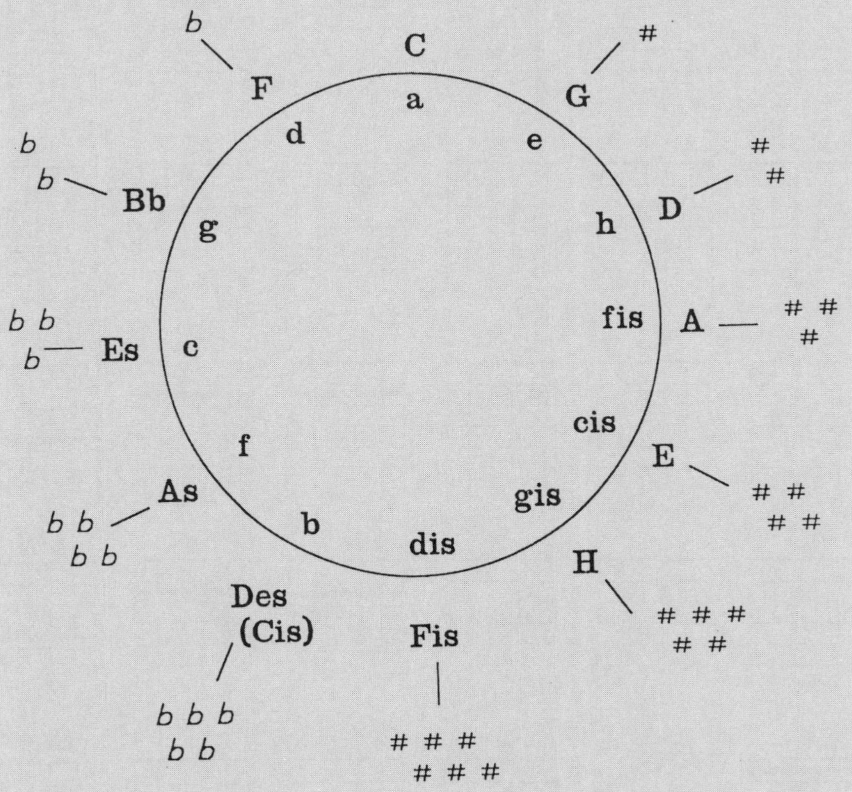

Nehmen wir unseren Ausgangspunkt im Innenkreis, weil das Lied mit einem Mollakkord beginnt, so ist es ähnlich: Der andere zu erwartende Mollakkord liegt eine Stelle weiter im Uhrzeigersinn, der parallele Dur-Akkord ist direkter Nachbar im Außenkreis.

Einzige Ausnahme: Der dominierende Wechsel-Akkord ist der Nachbar eine Stelle weiter gegen den Uhrzeiger und zwar (obwohl im Mollkreis aufgesucht) als Dur-Akkord. Am praktischen Beispiel: Beginnt ein Lied (bei einem »b« als Vorzeichen) mit d-Moll, so ist A-Dur der dominierende Dur-Partner, typisch wäre auch »F« als Dur-Parallele und/oder dessen Nachbar(n) C (und Bb). Wird ein weiterer Mollakkord fällig, so müßte es g-Moll sein. (Vgl. dazu die Lieder »Solang die Erde steht« und »Sammle meine Tränen« als Beispiele in diesem Buch, Seite 107 und 124).

Grifftabelle für Gitarre

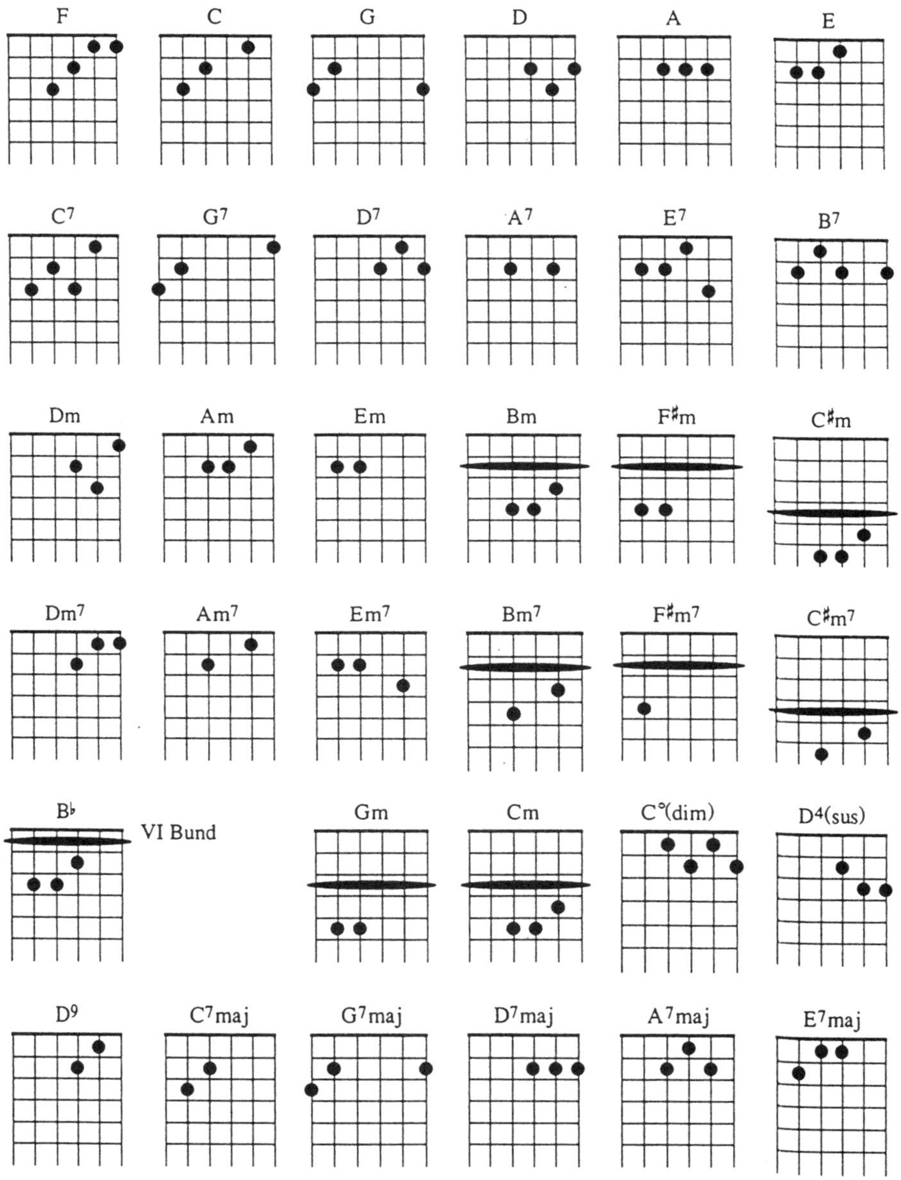

Schwierige Akkordangaben (Griffe) entschlüsseln

In der Regel gilt:

— Großbuchstaben meinen Dur-Akkorde, während Moll-Akkorde durch Hinzufügen von »m«, »-Moll« oder Kleinschrift gekennzeichnet werden.

— Der reine Buchstabe meint den Dreiklang. Da auf den sechs Saiten der Gitarre bis zu sechs Töne gespielt werden können, kommen einige dieser drei Töne zwei- oder dreimal vor. Es sind immer die Töne 1, 3 und 5 der Tonleiter (deren Tonart die Vorzeichen vorgeben).
Da wir uns die einzelnen Töne nicht selbst suchen, sondern vorgegebene Griffe (für die Dreiklänge) spielen, braucht uns das im einzelnen nicht zu kümmern. Es ist jedoch wichtig für das Verständnis der Griffe, die Buchstabe und Zahl beinhalten: Die Zahl gibt den Ton der Tonleiter an, der zu dem 1., 3. und 5. Ton noch hinzukommt. Kurzum: Für ein vereinfachtes Spiel können alle Zahlen hinter dem Akkordbuchstaben weggelassen werden, es handelt sich nur um Ergänzungen, die wesentlichen Töne sind mit dem Grundakkord identisch. (Allerdings sind die Dreiklänge mit hinzugefügter 7 oft einfacher als die Dreiklänge selbst.)

— Im Deutschen schreibt man oft »H« für den (Ton und den) Dreiklang, der international (und bei den Griffbezeichnungen auch in diesem Buch) »B« genannt wird. Das deutsche »B« heißt entsprechend »Bb«.

Weitere Erklärungen und Beispiele in der Kurzübersicht

C = C-Dur
c = cm = c-Moll
C sus = C4 = Quartvorhalt (c-f-g), ausnahmsweise tritt der vierte Ton nicht zum Dreiklang hinzu, sondern ersetzt den dritten Ton, meist folgt der normale Dreiklang als Auflösung der entstehenden Spannung.
C dim = Co = verminderter Akkord aus lauter kleinen Terzen (c-es-ges-a)
C+ = C 5+ = Durakkord mit erhöhter Quinte (c-e-gis)
C 6 = Durakkord mit Sexte (c-e-g-a)
C 7 = Durakkord mit kleiner Sept (c-e-g-b)
C 7+ = C 7maj = Durakkord mit großer Sept (c-e-g-h)

Schwierige Griffe vereinfachen

Bei schweren Griff-Folgen kann man wie folgt vereinfachen:

— Wechseln die Griffe auch innerhalb der Takte, vielleicht sogar auf jeder Zählzeit, so spielen wir nur noch die Griffe, die am Taktanfang (und in der Taktmitte) stehen, die dazwischenliegenden fallen fort.

— Überfordern uns einzelne Griffe, so suchen wir sie durch verwandte (siehe Quintenzirkel) zu ersetzen. Austauschbar sind z.B. Mollsept- und paralleler Dursextakkord (am7 = C6), aber auch viele andere, was im Einzelfall ausprobiert werden muß.

Wer von C ausgehend kein F greifen kann, probiere G7 und d-Moll, auch a-Moll könnte passen.
Wer von F ausgehend kein Bb greifen kann, probiere C7 und d-Moll.

— Alle Zahlen und sonstigen Zusätze hinter den Grundbuchstaben werden weggelassen (s.o.).
— Ist (bei Noten mit vielen Vorzeichen, insbesondere bei »b«) schon die Folge der Grundgriffe zu schwierig, so muß transponiert, d.h. in eine andere Tonart übertragen werden, wobei wiederum der obige Quintenzirkel oder ein Blick auf die Klaviertastatur helfen kann.
Beispiel: Ein Lied verlangt die Begleitung mit F-Bb-C7-F. Ich möchte gerne etwas tiefer singen und mit einfacheren Griffen begleiten.
Statt F-Dur beginne ich mit E-Dur, d.h. dem Griff, der einen Ton tiefer liegt. Jetzt muß ich nur alle anderen Griffe ebenfalls um einen Ton heruntersetzen und spiele dann: E-A-H7-E.
1. Transponierhilfe also: Einfacheren Anfangsakkord wählen und alle anderen um genauso viel Töne höher oder tiefer setzen (Klaviertastatur o.ä. hilft beim Zählen).
2. Transponierhilfe: Einfacheren Anfangsakkord wählen und mit Quintenzirkel die Verwandtschaftsverhältnisse der anderen Akkorde beibehalten. Im obigen Beispiel war Bb der Nachbar von F (gegen Uhrzeiger), beginne ich statt F mit E muß nun also dessen Nachbar gegen Uhrzeiger folgen usw.

Transponierhilfe basteln

Die Skizze mit dem obigen Quintenzirkel kopieren, ausschneiden und auf dicke Pappe oder Sperrholz kleben. Jetzt so auf der Kreisbahn ausschneiden/aussägen, daß sich der Innenkreis im Außenkreis drehen läßt – fertig ist die Transponierscheibe: Der Außenkreis steht jetzt (nicht mehr nur für Dur-, sondern) für die (schweren) Ausgangsakkorde, der Innenkreis für die Tonart, die ich statt dessen spielen möchte.
Beispiel: Finde ich ein Lied mit der Akkordfolge »Eb-c-Ab-Bb7« und möchte statt »Eb« gerne mit »G« beginnen, dann drehe ich das »G« des Innenkreises auf Höhe des »Eb« und kann nun auf der Innenkreisseite von »c-Ab-Bb« die neuen Akkorde ablesen (e-C-D7), Dur und Moll (Groß- und Kleinbuchstaben) sowie Zahlen übernehme ich aus dem Original.

Sauber greifen

Wenn auch die einfachen Griffe schnarren oder stumpf klingen, schauen wir uns unsere linke Hand einfach genauer an:

— Das erste Glied unserer Finger muß beim Greifen rechtwinklig zu den Saiten aufgesetzt werden. Je flacher der Winkel, desto größer ist die Gefahr Nachbarsaiten zu berühren, die dann nicht sauber schwingen können.

— Spätestens jetzt merken wir vielleicht, daß unsere Fingernägel (links) zu lang sind. Sauberes Gitarrespiel verlangt leider ungleichmäßig geschnittene Nägel: an der linken Hand extrem kurz, an der rechten so lang, daß beim Zupfen die Saite von Fingerkuppe und Nagel berührt wird (beide also etwa gleich lang sind oder der Nagel etwas länger ist).

Schlagen und Zupfen

Eine ausführliche Betrachtung der rechten Hand würde an dieser Stelle den Umfang des Werkbuches sprengen. Nur soviel:

● Wer *Schlagtechniken* ausprobieren möchte, beginne damit, den Abschlag mit allen Fingern der rechten Hand auszuführen und den Aufschlag nur mit dem Daumennagel.
Wenn der Aufschlag nun manchmal über die Saiten (dicker Pfeil in der folgenden Rhythmus-Übersicht) und manchmal nur in der Luft (dünner Pfeil) ausgeführt wird, haben wir unseren ersten differenzierten Rhythmus gefunden. Hier einige Beispiele, die beliebig zu erweitern sind; es müssen nur an weiteren Stellen Pausen und/oder Sechzehntel eingefügt werden.
Jeder Takt steht im folgenden für einen selbständigen Rhythmus, der in der Regel ein ganzes Lied begleitet.
Die fünf Beispiele beziehen sich auf 4/4-Takte, 3/4-Rhythmen entstehen prinzipiell durch Verkürzung (Zählzeit 4 weglassen). Jede erste Zählzeit im Takt wird (anfangs) etwas betont – später wachsen wir in differenziertere Betonungen hinein. Die Popmusik z.B. lebt ja gerade davon, auf einigen Instrumenten die sonst unbetonten Zählzeiten (»2« und »4«, oder noch raffinierter: das »+« besonders hinter der »2«) zu betonen.

Schlaggitarre – Rhythmen

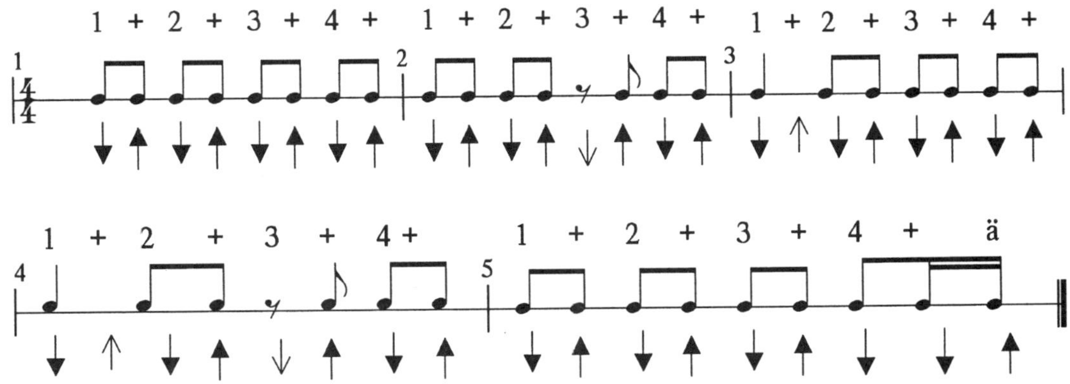

● Wer *zupfen* möchte, weise dem Daumen die drei dickeren Baß-Saiten zu und dem Zeige-, Mittel- und Ringfinger die dünneren Diskant-Saiten:

Daumen = p(ollex):	6. Saite = Tiefe E-Saite (dick)
	5. Saite = A-Saite
	4. Saite = D-Saite
Zeigefinger = i(ndex):	3. Saite = G-Saite
Mittelfinger = m(edicus):	2. Saite = H-Saite
Ringfinger = a(nularius):	1. Saite = Hohe E-Saite (dünn)

Alles andere ist Sache des Ausprobierens und führt zu Hunderten von Zupfmustern.
Einige Beispiele in der folgenden Pattern-Übersicht (siehe rechte Seite oben). Jeder Takt steht wieder für ein Zupfmuster, das in der Regel das ganze Lied über beibehalten werden kann. »Pattern« meint dabei allerdings nur »Muster« für den Einsatz der rechten Hand, die linke greift dazu die Akkordwechsel wie beim jeweiligen Lied vermerkt. Die Noten gelten real also nur für den C-Dur-Akkord, stehen darüber hinaus aber als Platzhalter:
Note 1 in Takt 1 steht für die Baßsaite des jeweiligen Akkords, Note 5 für den Wechselbaß; lediglich Takt 7 schlägt mit Note 5 den zweiten Wechselbaß vor (der bei manchen Akkorden extra gegriffen werden müßte).
Die Noten 2–4 des ersten Taktes stehen für die Finger »i«, »m« und »a« (s.o.), deren Verteilung nun im folgenden den Notenlinien zu entnehmen ist, die hier nicht feste Tonhöhen, sondern quasi Finger bezeichnen.
Für den 2/4-Takt (2/2- und 4/2-Takt) gelten im Prinzip die Zupfmuster des 4/4-Taktes; im 3/4-Takt gelten die Muster des 6/8-Taktes (Notenwerte entsprechend halb so schnell).

4.6 Flöten

Hier nun einige wichtige Tips zum Gebrauch von *Blockflöten*:

▶ Die Blockflöte ist das Instrument, das am stärksten vom Hall großer kahler Räume profitiert. Wer die Blockflöte der eigenen Kinderzeit nicht (mehr) mag, teste sie einmal im Altarraum der Kirche und nicht zwischen Teppich und Gardine!

▶ Beim Zusammenspiel mit anderen Instrumenten muß die Flöte gestimmt werden: Blockflöten werden beim Spielen wärmer und dadurch im Klang höher. Gerade in kühleren Räumen sollte man die Flöte vor dem Gebrauch einspielen und/oder unter der Achsel warmhalten. Erst im warmen Zustand hat die Feinstimmung der Flöte Sinn (sonst verstimmt sie während des Spiels).

Zupfmuster/Patterns für Gitarre

Sollte die Flöte nach Erwärmung zu hoch klingen, kann sie durch Auseinanderziehen von Mundstück und Flötenhals wieder tiefer gestimmt werden.

▶ Blockflöten sind wie Blumen: Eine oder drei machen sich gut, aber niemand würde zwei Blumen zusammenbinden. Bei zwei Blockflöten (in der selben Stimme wohlgemerkt!) macht sich die kleinste Reibung störend bemerkbar und bestätigt das geflügelte Wort: »Was klingt schlimmer als eine Blockflöte? Zwei Blockflöten!«
Fazit: Mindestens eine dritte Flöte in der selben Stimme hinzunehmen, dann entsteht die eher angenehme Schwebung eines Blockflötenchores. Oder: Die zweite Flöte eine andere Stimme spielen lassen.

▶ Tenorblockflöten klingen (etwas rauher und auch in der Tiefe fast überblasend angespielt) schon ein bißchen nach Saxophon, was gerade die älteren Jungen, die sich sonst schnell von der »Pfeife« verabschieden, begeistert. Wer später wirklich wechseln will: Die Griffe auf dem Saxophon sind mit denen der Blockflöte im Prinzip identisch!

▶ Flöten sind (im Gegensatz zu den Stabspielen) typische Melodieinstrumente: Wir setzen sie (außer zu pausenfüllenden oder echoartigen Rufen) weniger während des Singens ein und geben ihnen statt dessen Raum in Vor-, Zwischen- und Nachspielen.

▶ Viele mehrstimmige Sätze kann man auch in anderer Besetzung spielen als angegeben. Dabei sollte man allerdings bedenken, daß eher weich klingende (Streicher vom Keyboard) oder perkussive Instrumente (Stabspiele) einen für härtere Klänge geschriebenen Satz spielen können ohne daß er »schräg« klingt, aber nicht umgekehrt: Gerade Sopranblockflöten sind für traditionelle Ohren wenig »dissonanz-verträglich«. Konkret: Es gibt Kanons, die klingen schaurig, wenn sie von Blockflöten gespielt werden, aber sehr apart, wenn man sie singt.

▶ Flöten harmonieren gut mit Fellinstrumenten: Man probiere ein Lied mit verschiedensten Instrumenten in der Begleitung; zum Zwischenspiel setzen alle Instrumente aus, nur eine Flöte spielt einen Melodiedurchgang, begleitet von einer oder mehreren Trommeln.

4.7 Keyboards

In der Kindergruppe und zur Liedbegleitung kann das »Keyboard« (neudeutsch für jedes »Tasteninstrument« im weiteren und die elektronischen im engeren Sinn) bei einfachem Einsatz durch seine vielfältigen Klangfarben Instrumente ersetzen, die zu teuer in der Anschaffung oder zu schwer zu spielen sind, also im wesentlichen:

— *Baßinstrumente:* Gespielt wird dann der (mit dem Gitarrenakkord identische) Buchstabe über den Liednoten als Baßton (in tiefer Keyboardlage).

— *Streicher u.ä:* »Flächen«-Klänge (wie die Popmusiker sagen), um der Liedbegleitung akkordische Breite auch im »Legato« zu geben (die Gitarre spielt ihren Mehrklang ja eher im Nacheinander aufgelöst bzw. rhythmisch). Gespielt wird auf dem Keyboard der Buchstabe über den Liednoten als gleichzeitig niedergedrückter Dreiklang: Jeweils der notierte Buchstabe, dazu der dritte und fünfte Ton (der jeweiligen Tonleiter) rechts neben dem notierten. (Es gilt analog das im Kapitel 4.3 zur Mehrstimmigkeit Gesagte; vgl. insbesondere den Doppelabschnitt zum Gabelgriff. Auf dem Keyboard können allerdings mehr oder weniger problemlos drei Töne von der rechten Hand gegriffen werden.)

Beide Spieltechniken können von ein oder auch mehr Spielern am selben Instrument zusammengeführt werden: Die linke Hand spielt den Baßton, die rechte den Dreiklang.

4.8 Anschaffung und Auswahl von Instrumenten

Viele Gruppen verfallen in den Fehler, die zur Verfügung stehenden Mittel auf den Kauf zu vieler kleiner Instrumente zu verwenden. Die Vorstellung, kleine Kinder würden kleine Instrumente mögen oder

brauchen ist ein Trugschluß: Größe hat immer etwas Faszinierendes – gerade auch für die Kleinsten, deren mangelhafte Feinmotorik manchmal das gröbere Instrument geradezu herausfordert (Ausnahme Shaker s.o.).
Hinzu kommt, daß die hohe Singtonlage der Kinder und Frauenstimmen geradezu nach Ergänzung durch Baßinstrumente verlangt. Ideal ist daher zumindest ein Stabspiel (Xylophon) in Baßlage, nach Möglichkeit sogar Einzelsubbässe der Baßtöne, die wir am häufigsten brauchen (C-A-G-F). Diese Anschaffung ist zwar ein gewaltiger, aber lohnender Kostenfaktor, denn die Baß-Resonanz eines akustischen Instrumentes ist eben doch noch ein anderes Erlebnis als der Baßton vom Keyboard (das wir wegen seiner Vielseitigkeit und relativen Preisgünstigkeit aber trotzdem empfehlen wollen).
Eine tiefe Trommel (Dritte-Welt-Laden) oder Pauke (kann gebraucht und defekt sein, zur Stimmung s.o.) ist die nächste Ergänzung, gefolgt von je einem Metallophon, Glockenspiel, Xylophon. Diese Stabspiele gibt es in verschiedensten Tonlagen, hier berät das Fachgeschäft bzw. setzt der Geldbeutel Grenzen und erlaubt nur nach und nach eine Erweiterung.
Damit ist die Ausstattung aber auch schon nahezu vollständig, denn Blockflöten und Gitarren sind individuelle Instrumente. Sie werden von den Mitarbeitern und Kindern mitgebracht. Alle kleinen Rhythmusinstrumente lassen sich (s.o.) selbst herstellen, hier kann immens zugunsten der o.g. Anschaffungen gespart werden.
Zwingend ist ein Blick auf das Instrumentarium vor allem auch dann, wenn man ältere Kinder einbeziehen will. Instrumente sind immer auch Ausdruck der Befindlichkeit, haben Abbildcharakter: Ein Junge, der gerade in den Stimmbruch gekommen ist oder darunter leidet, daß er nicht in dem Maß gewachsen ist, wie der Rest der Clique, wird die Annahme eines kurzen, hohen, hellen Instrumentes verweigern. Im Gegensatz zur Sopranblockflöte sind z.B. die verzerrte E-Gitarre und das Saxophon auch deshalb so beliebt, weil sie mit ihrem rauhen Klangcharakter »im Stimmbruch bzw. hindurch« sind und ihre Länge sie als »Erwachsene« ausweist. Große, tiefe Instrumente wie Baßxylophon und Pauke dienen somit über ihr Klangfundament hinaus auch zur Identifikationshilfe der Kinder in einer entwicklungspsychologisch sensiblen Phase wie der (Vor-)Pubertät. Solches Wissen darf nicht verwechselt werden mit jenem kommerziell gesteuerten allzu frühen Schielen auf »die Großen«, womit die Musikkultur der Massenmedien mit Miniplaybackshows und Kinderpopsongs musikpädagogisch verantwortliche Arbeit nicht unbedingt leichter macht.

5. Lied und Bewegung: Tänze und Spiele

5.1 Begründungsebenen

Begründungen für das Tanzen und Spielen im Gottesdienst ließen sich lang und breit zahlreiche herleiten. Weil aber die Praxisanregungen im Vordergrund stehen sollen und wir nicht mehr zu rechtfertigen brauchen, was vielerorts bereits fester und akzeptierter Bestandteil selbst der liturgischen Feier (leider oft nur mit Kindern) ist, soll hier ein kurzer Überblick nur die verschiedenen Ebenen einer Begründung für das ganzheitliche Tun versammeln:

Biblisches

Wer den Tanz der Salome oder den um das Goldene Kalb als zwei der wenigen Negativbeispiele für den Tanz ins Feld führt, der sollte weder die zahlreichen positiven Beispiele im biblischen Kontext vergessen, noch daß die Verurteilungen des Tanzes nie den Tanz als solchen betreffen, sondern seine Entgleisungen. Doch wer wollte nicht mehr singen, weil die Nationalsozialisten auch sangen? Wer wollte nicht mehr beten und segnen, weil auch hier der Name Gottes auf Koppelschlössern und unter Kanonendonner mißbraucht wurde und »Heilige Kriege« nicht auszusterben scheinen?
Ich könnte mir vorstellen, daß Mose, als er mit den Zehn Geboten vom Berg herunter kam, sich auf einen wundervollen Lobtanz freute. Auf einen Tanz um die 10 Gebote des Gottes, der aus Ägypten befreit hatte. Sein Zorn traf nicht den Tanz, sondern das Goldene Kalb als das falsche Zentrum. Der Rundtanz ist eine sehr intensive kultische Form: Er zeigt, um welche Mitte wir tanzen, er ist die leibhaftige Umsetzung des ersten Gebotes. Deswegen ist seine Perversion in den Augen Moses auch so schändlich.
Sonst aber liebte Mose möglicherweise den Tanz genauso wie Mirjam, die Prophetin, die singend und tanzend die Rettung am Schilfmeer feierte (vgl. 2. Mose 15, 20). Tanz begeisterte ihn vielleicht wie David, der noch als König (vgl. 2. Sam 6) halbnackt vor der Bundeslade (dem Allerheiligsten) tanzte und wie Jesus, der auf einem Hochzeitsfest (bei dem sicher getanzt wurde) Wasser in Wein verwandelte und an anderer Stelle die Kinder, die weder klagen noch tanzen wollten, als negatives Bild für die Lauen seiner Zeit gebrauchte (vgl. Lk 7, 31+32).

Kirchengeschichtliches

Manch alter Choral (z.B. »Wie lieblich ist der Maien«, EG 501) trug vor seinem geistlichen Gewand schon ein sehr weltliches und entlieh seine Melodie von einem Lied auf die eine oder andere Jahreszeit oder die Liebe. Manche Melodie war gar eine Tanzweise, was sprachgewaltige Autoren wie Martin Luther keineswegs abhielt, ihnen theologisch Gewichtiges anzuvertrauen. Andere (wie »Vom Himmel hoch da komm ich her«) hatten in Text und Melodie Kinderspiellieder als Vorläufer, wurden als Kirchenlied umgetextet gesungen, als allen noch der Bezug zum Kinderspiel geläufig war.

Anthropologisches

Wir brauchen gar nicht die Frühzeit des Menschen zu zitieren: Um Belege für ein ursprüngliches Ineinander von Gesang, Spiel und Tanz, von Rhythmus und Bewegung zu finden reicht der Blick auf spielende Kleinkinder. Dies schreibend höre ich die meinen im Hintergrund und kann von der Kraft solch klingenden Ineinanders ein Lied singen.
Mit ihrem zunehmenden Alter erkenne ich, wie sie sich vorhandener Melodie- und Bewegungsmodelle bedienen, um Stimmungen auszudrücken, Erlebtes zu verarbeiten und zu erzählen: Ein zwangloses Ineinander also auch von Form und Inhalt.

Lernpsychologisches

Wir wissen inzwischen, wie wenig der Mensch von dem behält, was er nur hört, liest oder sieht. Wieviel mehr er dagegen Gefühle und das, was er selbst getan hat, behält. Die Forderung nach einer ganzheitlichen, alle Sinne ansprechenden Pädagogik ist unüberhörbar und hat Auswirkungen bis in die Schulungsebenen des Topmanagements.
Somit geht es nicht um die zu rechtfertigende Einführung einer Neuheit, vielmehr um die Wiederherstellung einer Selbstverständlichkeit.

5.2 Beispiele aus der Praxis

Einführung

Die folgenden Anregungen sollen exemplarische Tips zur Bewegungsumsetzung mehr oder weniger traditioneller Choräle geben, da gerade hier die Unsicherheit bei der methodischen Erschließung für Kinder oft am größten ist. Viele der Ideen lassen sich anschließend mit entsprechenden kleinen Variationen auf weitere Lieder übertragen.
Gerade in diesem Kapitel geht es nicht nur um den Kindergottesdienst im engeren Sinn, sondern auch um Familiengottesdienste u.ä. So können Kinder gerade auch in manchen typischen Erwachsenenchoral einbezogen werden. Dabei ist die Bewegung nicht hübsche Illustration: Es

geht nicht um eine »Niedlichkeitsästhetik« für die erwachsenen »Zuschauer«, sondern um

— die Teilhabe der Kinder
— den lustvollen Brückenschlag zur Tradition
— die Erschließung von Inhalten durch sinnliches, leibhaftiges Lernen (s.o.), d.h. die Bewegungen sind nicht beliebig auswechselbar, sondern stehen in direktem Bezug zum jeweiligen Lied.

Daß dies dann über ein illustratives Element hinaus auch dem Erwachsenen hilft, den gesungenen Choral weniger formelhaft zu erleben und vielleicht zum ersten Mal die in ihm steckenden »Beweg-Gründe« zu entdecken, ist ein nicht zu unterschätzender Nebeneffekt.

Zahlreiche weitere Tänze, Spiele u.ä., in denen Bewegung *und* Lied von den Kindern selbst ausgeführt werden und die eher zum Kernbestand des normalen Kindergottesdienstes gehören können, finden sich thematisch geordnet in den Kapiteln 6 und 7.
Zur Weiterarbeit sei darüber hinaus auf die umfangreiche Sammlung »Kinder tanzen ihre Lieder. Religiöse Sing- und Tanzspiele« des Autors im Bonifatius Verlag, Paderborn, hingewiesen (s. Literaturhinweise S. 159).
Bei den meisten der folgenden Anregungen muß je nach Art der Raumbestuhlung vorher überlegt werden, wo die agierenden Kinder sitzen (bei den Eltern oder als Gruppe für sich). Es muß gewährleistet sein, daß ein Aufstehen und Zusammenkommen zum oder während des Liedes möglich ist.

BEISPIELE

Ich steh an deiner Krippe(n) hier (EG 37; LJ 42; GL 141)

Die Bewegungsanregung ist direkt dem Liedtext abzulauschen, man muß ihn nur ernst nehmen:
Wie oft haben wir in der überfüllten Christvesper gesungen »Ich *steh* an deiner Krippe(n) hier« – im *Sitzen* und so, daß wir die Krippe nicht einmal gesehen haben?! Da liegt es auf der Hand, zumindest die Kinder wirklich zur Krippe gehen zu lassen. Je nach Art des Gottesdienstes und Anzahl der Besucher sind die verschiedensten Modelle auch für ein mehr oder weniger gestaltetes Nachvornkommen in verschiedenen Gruppen nacheinander denkbar:

»Ich komme, bring und schenke dir, was du mir hast gegeben.«

Wer wollte da ruhig sitzen bleiben? Eine Prozession zur Krippe kann hier sowohl spontan wie auch vorbereitet erfolgen. Wenn einige Kinder, vielleicht sogar als die Heiligen drei Könige aus dem Morgenland verkleidet voranziehen, fällt es den anderen leichter zu folgen.

»Nimm hin, es ist mein Geist und Sinn,
Herz, Seel und Mut, nimm alles hin
und laß dir's wohlgefallen.«

Nun bietet sich eine kleine Symbolhandlung an, die allerdings vorbereitet sein will: Aber bloß nicht »Geist«, »Sinn«, »Herz«, »Seel« und »Mut« auf Papptäfelchen geschrieben von Kinderhänden an die Krippe bringen lassen. Hier abstrahiert Paul Gerhardt für Erwachsene, knüpft damit an den Zeichencharakter der an sich sinnlicheren Gaben der drei ersten Krippenbesucher an. Statt dessen bleiben wir für die Kinder auf der sinnlichen Ebene: Sie sollen ihrem »Gegenüber« in der Krippe echte »Gegenstände« schenken, vielleicht Stoffreste um das Kindlein darauf zu betten? Heißt es nicht in der 6. Strophe:

»Ach Heu und Stroh ist viel zu schlecht,
Samt, Seide, Purpur wären recht,
dies Kindlein drauf zu legen!«

Wer nun Ohren bekommen hat zu hören, der entdeckt zunehmend mehr, was die Kinder tun können, während die Erwachsenen singen:

»Nehmt weg das Stroh, nehmt weg das Heu,
ich will mir Blumen holen,
daß meines Heilands Lager sei,
auf lieblichen Violen;
mit Rosen, Nelken, Rosmarin
aus schönen Gärten will ich ihn
von oben her bestreuen.«

Hierzu haben wir in der Kindergruppe vorher selbst getrocknete Blüten (es müssen nicht unbedingt die genannten sein) sammeln lassen, die jetzt in Körben bereitliegen.
Anschließend ziehen die Kinder auf ihre Plätze zurück.

Schon dieses erste Beispiel zeigt die Notwendigkeit, herauszukommen aus der gefährlichen Engführung unserer Vorstellung von Frömmigkeit: Wer Bewegungslosigkeit zum äußeren Zeichen innerer Andacht hochstilisiert, muß sich nicht wundern, wenn Kinder im »heimlichen Lehrplan« unserer Liturgie Widersprüche bis zur Bigotterie entdecken: Wer von allerlei freudigem Tun sitzend und mit verbissenem Gesicht singt, wird noch mehr nur mit der Zunge bekennen!

Korn, das in die Erde (EG 98; LJ 74)

Stimmiger als ein pantomimisches Nachzeichnen jeder einzelnen Textzeile scheint mir hier die Aufnahme des Gesamtbildes von der wachsenden Saat. Dem korrespondiert die am Ende jeder Strophe refrainartig wiederkehrende Zeile »Liebe wächst wie Weizen, und ihr Halm ist

grün.« Dem korrespondieren ebenso neuere theologische Ansätze der Gleichnisauslegung (z.B. Hans Weder), die eben nicht mehr Teil für Teil eines Bildes allegorisch übertragen, ja noch nicht einmal den Vergleichspunkt zwischen Bild und Sachhälfte suchen, sondern das Gleichnis als Ganzes wirken lassen wollen.
Also suchen wir mit der Kindergruppe eine Anfangsstellung, die dem Korn in der Erde entspricht (z.B. alle dicht zusammen am Boden kauernd) und singen und tanzen uns dann langsam wachsend empor und weiten das »Feld«, indem wir uns an den Händen fassen und einen Kreis bilden.
Wer den Textbezug nun doch verdichten möchte, der kann zur zweiten Strophe wieder in die Ausgangsstellung zurückgehen, müßte aber schon während der Schlußzeilen wieder ausweiten. Die dritte Strophe verengt und weitet dann entsprechend ein weiteres Mal.
Fällt das Singen während des Tanzspiels schwer und sind die Kinder ohne singende Erwachsene mehr oder weniger für sich, so kann der Text auch nur gelesen oder als Bild vorgegeben und anschließend zu Instrumentalmusik (z.B. Blockflöte mit Gitarrenbegleitung) getanzt werden.

Nun danket Gott (EG 290)

Die Kinder sitzen möglichst innen neben dem Mittelgang. Zur vierten Strophe stehen in der letzten Reihe ein oder zwei Kinder auf und gehen sehr langsam nach vorn. Aus allen anderen Reihen kommen Kinder hinzu und schließen sich an: Sie bilden eine oder zwei lange Karawanen, legen möglichst ihre rechte Hand auf die Schulter des jeweiligen Vorgängers, denn sie gehören nun zusammen, sind Gottes Volk, von dem es im Liedtext der 4. Strophe heißt, daß sie erst *»noch fremd und wenig waren«*. Aber

»sie zogen unter Gottes Hand
von einem Land zum anderen Land.
Er schützte und bewahrte sie,
und seine Huld verließ sie nie.«

So geht es nun bis zum Ende des Liedes, in dem die kleine Prozession noch viel von Gottes Führung hören wird, bis sie im Altarraum zum Kreis schließt und zur abschließenden Zeile die Kinder ihre aneinandergefaßten Hände erheben: *»Gelobet sei der Nam des Herrn.«*

Lobt Gott, den Herrn der Herrlichkeit (EG 300)

Zum Gesang der ersten Strophe steht die gesamte Gemeinde auf:

*»Lobt Gott, den Herrn der Herrlichkeit,
ihr, seine Knechte, steht geweiht …«*

*»Hebt eure Hände auf und geht
zum Throne seiner Majestät …«*

Zur 2. Strophe gehen die Kinder aus den Reihen in den Mittelgang und nach vorn in den Altarraum. Da die Erwachsenen in den Reihen *stehen*, ist dies problemlos möglich. Die Erwachsenen fassen die Hände ihrer Nachbarn und erheben sie. So steht jeder in der Haltung des jüdischen Lebensbaumes, die (als »Orante-Haltung« bekannt) auch Gebetshaltung der frühen Christenheit war.

*»Gott heilge dich in seinem Haus
und segne dich von Zion aus …«*

Im Altarraum werden die Kinder vom Geistlichen erwartet. Im Halbkreis sammeln sie sich vor ihm und lassen sich segnen: Die Orantehaltung, die der Geistliche mit der Gemeinde teilt, geht organisch in die Segensgeste über.

Im Zeichen des Lebensbaumes: Die Orante-Haltung

Lobe den Herren, den mächtigen König
(EG 316; LJ 178; GL 258)

Die Kinder sind unter sich (Kindergruppe, Religionsunterricht, Kindergottesdienst …).
Mit dem Singen der ersten Strophe stehen wir auf, lassen unsere Plätze hinter uns, kommen zusammen: *»Kommet zuhauf!«*
Zum Singen der zweiten und dritten Strophe spielen wir ein »Vertrauensspiel«: Je ein Kind schließt die Augen und streckt die Arme seitwärts aus wie Adlerflügel, zwei andere Kinder führen es nun, indem sie ihm sanft unter die »Flügel« fassen, sie hochhalten, wenn sie »lahm« werden. So geht es durch den Raum. Nach Möglichkeit sollten die führenden Kinder (erst die zweite ständig wiederholend, dann die dritte, später auch beide Strophen) auswendig dazu singen, das geführte

Kind darf sich ganz aufs »Verspüren« konzentrieren. Anschließend wird (zweimal) gewechselt, damit jeder die Führung erfahren durfte:

»Lobe den Herren, der alles so herrlich regieret,
der dich auf Adelers Fittichen sicher geführet,
der dich erhält, wie es dir selber gefällt;
hast du nicht dieses verspüret?«

Jesu, geh voran (EG 391; LJ 221) Alles wird nun neu

Der »Sitz im Leben«

Dieses in Text wie Melodie zur feierlich schreitenden Prozession geradezu einladende Lied ist inzwischen leider vielerorts viel zu einseitig zum reinen »Begräbnislied« geworden und weckt, entsprechend konditioniert, dann auch sogleich traurigste Empfindungen.
Hört man etwas unvoreingenommener in den Text hinein, so bietet der Choral sich jedoch auch als »Wegbegleiter« für Taufe, Einschulung, Konfirmation/Firmung, Hochzeit und andere Stationen unserer Lebens-Weg-Strecke an.
Natürlich muß sorgfältig abgewogen werden, ob immer alle Strophen passen: Zinzendorfs erste und vierte Strophe scheinen mir wandlungsfähiger als die zweite und dritte. Zum einen sollten wir nicht dem Trend der Zeit folgen und alles Mühen und Leiden aus unserem Denken und Singen verdrängen. Zum anderen aber wirkt es schon sehr befremdend, wenn z.B. zur Einschulung gesungen wird:

2. *Soll's uns hart ergehn, / laß uns feste stehn /*
   und auch in den schwersten Tagen / niemals über Lasten klagen; /
   denn durch Trübsal hier / geht der Weg zu dir.

Wo zur Konfirmation noch eine sprachliche Brücke geschlagen werden kann (firmen und konfirmieren = lat.: bestärken, Standhaftigkeit verleihen!), bleibt angesichts der Erstkläßler nur das Gefühl, die falsche Schule für das Kind gewählt zu haben …

Für Gottesdienste zur Einschulung, zum Schuljahrsanfang und zur Aufnahme der Neuen im Kindergarten daher hier zwei alternative Textstrophen (»Alles wird nun neu«), evtl. zur Kombination mit einer leicht variierten Fassung der ersten Strophe des Originals:

1. *Jesu, geh voran / auf der Lebensbahn!*
   Und wir wollen nicht verweilen / dir getreulich nachzueilen;
   führ uns an der Hand / mach dich uns bekannt.

Schaut man auf den Schluß der vier Originalstrophen, so schließen sie alle mit einer Betrachtung des (Lebensweg-)Endes. Demgegenüber betont nun unsere Fassung ebenso durchgängig die Lebensweg-Beglei-

Jesu geh voran – Alles wird nun neu

Text und Satz: Siegfried Macht
Melodie: Adam Drese 1698

tung dessen, den wir noch näher kennenlernen wollen, der dann aber die Konstante im Auf und Ab unseres Lebens sein möchte – womit wir der Intention des Originals wieder recht nahe sind.

Singen und Begleiten

Die einfachste Instrumentalbegleitung ist der beständig wiederholte Ton »c« auf einem Stabspiel. Diese Eintonbegleitung können wir auch auf mehrere Instrumente verteilen:

— Xylophone spielen durchweg im Tempo der Viertelnote ihr »c«.
— Metallophone spielen ihr »c« nur auf Zählzeit »1«, also stets zum Taktbeginn.
— Glockenspiele spielen auf Zählzeit »1« und »3«.

Wenn die Instrumentengruppen so nacheinander ein- und später wieder (in umgekehrter Reihenfolge) aussetzen, haben wir gleich ein kleines Vor- und Nachspiel.

In einem zweiten Schritt können wir die Begleitung
— rhythmisieren,
— alle zwei Takte die Oktave wechseln,
— und das Ergebnis echoartig gegenüber der Hauptstimme versetzen.

Alle drei Bearbeitungsarten zusammen ergeben die in den Noten notierte zweite Stimme, die sich nun auch mit Text unterlegen und singen läßt. Wenn wir den Text der ersten beiden Takte beibehalten (und für die gesungene Fassung eventuell auch nur in der oberen oder unteren Oktave bleiben), haben wir für die Jüngsten eine einfache Auswendig-Sing-Begleitung bzw. im Zusammenklang schon einen richtigen Chorsatz (Stabspiele und Stimmen kombinieren).
Sind Baßinstrumente vorhanden, so spielen diese die Grundtöne der Akkordbegleitung mit, den Buchstaben über den Noten folgend also einen ständigen taktweisen Wechsel von F - C - C - F.
Diese Akkorde sind für das Stilempfinden einer volkstümlichen Gitarrenbegleitung bei zügigem Gesang ausgelegt. Je langsamer der Gesang und falls auf Orgel oder Keyboard begleitet wird, desto eher wird man öfter wechseln müssen. Bei einer sehr ruhig voranschreitenden Interpretation könnte eine Akkordbegleitung pro Schlag der Viertelnote so lauten:

F C F / C C C / F F C / F F F /
F F C7 / F F C7 / dm dm A7 / dm dm A7 /
dm C dm / C C C / F F C / F F F /

Wer jetzt die Eintonbegleitung auf »c« zusätzlich beibehalten will, müßte statt A-Dur7 allerdings a-Moll spielen oder die offene Quinte (d.h. die Terz »cis« weglassen).
Zur Vereinfachung der Gitarrenbegleitung bleiben wir bei der Verteilung über den Noten und wählen statt »F« und »C« evtl. »G« und »C«, um das schwierige »F« zu vermeiden und mit geübten Stimmen einen (Ganz-)Ton höher anzustimmen, oder »E« (statt »F«) und »H7« statt »C«, um mit ungeübten Stimmen einen (Halb-)Ton tiefer anzustimmen.

Bewegungsgestaltung

Hier gilt in besonderem Maße das oben bereits zum Tempo gesagte: Je nachdem welche Stilistik gewählt wird, erhalten wir eher eine feierliche Prozession (Gemeindegesang mit Orgel, Metronomschlag der Viertelnote bei 60) oder einen langsamen Walzer (zügige Gitarrenbegleitung, Metronomschlag der Viertel bei 95).
Dem »Wir-Charakter« des Liedes folgend stehen die Kinder paarweise hintereinander (im Mittelgang) und ziehen mit folgender Schrittfolge ein oder aus.

1. Form: Langsame Prozession

Jeweils zwei Takte werden als eine Einheit von sechs Schritten (im Tempo der ruhigen Viertel) betrachtet: Mit rechts beginnend fünf Schritte vorwärts, auf der sechsten Zählzeit einen Wiegeschritt auf links zurück.
Wird der Text von Zinzendorf gesungen, so kann am Ende der vierten Strophe das erste Paar stehenbleiben und die Hände zu einem Torbogen, durch den die anderen (die Melodie weiter summend) hindurchziehen (ebenso könnte der Organist ein Nachspiel improvisieren o.ä.): »Tu uns nach dem Lauf deine Türe auf.«

2. Form: Etwas zügigere (und einfachere) Variante

Wieder werden zwei Takte als Einheit betrachtet:
Takt 1 = 3 Schritte vorwärts (re – li – re)
Takt 2 = 3 x seitlich hin- und herwiegen (li – re – li)

Beginnen nicht beide Partner mit rechts, sondern beide mit dem inneren Fuß (der rechte Partner also mit links), so führt das Schwingen im zweiten Takt entsprechend auseinander – zueinander – auseinander, was symbolisch als das Verlieren und Finden von Wegbegleitung verstanden werden kann.

Steht auf, ihr lieben Kinderlein (EG 442; LJ 250)

Auf oder für die Kinder gut erreichbar vor dem Altar stehen Teelichter, Kerzen o.ä. so vorbereitet, daß sie von den Kindern gefahrlos getragen werden können. Dazu z.B. die Teelichter in ein ausgespültes und evtl. außen mit bunten Transparentpapierschnipseln beklebtes Marmeladenglas geben oder nichttropfende Kerzen sicherheitshalber z.B. noch einmal durch ein Loch in einem beklebten Bierdeckel stecken.

Zur ersten Strophe stehen die Kinder auf und bilden je nach Anzahl der Mitwirkenden Dreier- oder Vierergruppen, die sich im Altarraum zum (Morgen-)Stern formieren: Dazu fassen immer die inneren Kinder jeder Gruppe mit der linken Hand zur Kreismitte und dort dem Vorgänger aufs Handgelenk (siehe Skizze). So wandern alle gegen den Uhrzeigersinn über die Kreisbahn.

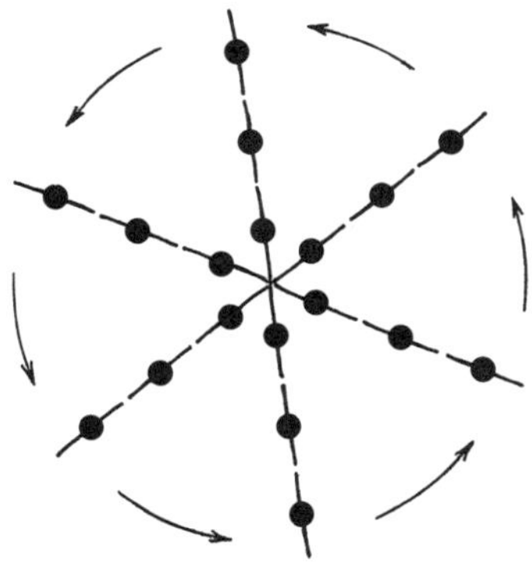

Zur zweiten Strophe drehen sich alle in die Gegenrichtung und heben die Hände (weil Christus »hoch zu loben ist«), wozu auch die Kinder innen ihre Fassung lösen, nach der halben Drehung berühren sich ihre Fingerspitzen in der Mitte wie zu einem großen Zelt.
Zur dritten und vierten Strophe werden nach halber Drehung in die Anfangsrichtung zurück die Hände wieder in die ursprüngliche Fassung heruntergenommen. Während der Stern sich langsam weiterdreht, schert eine Reihe nach der anderen aus und geht zum Altar, wo sich jedes Kind ein Licht holt, ehe Reihe für Reihe in den immer weiterdrehenden Stern zurückgeht. Da nun jedes Kind in der rechten Hand sein Licht hält, wird lediglich die linke Hand auf die rechte Schulter des Nachbars gelegt. Das vom Altar (auf dem das Kreuz steht und die Bibel liegt) geholte Licht verdeutlicht:

»Gotts Wort, du bist der Morgenstern,
wir können dein gar nicht entbehrn,
du mußt uns leuchten immerdar,
sonst sitzen wir im Finstern gar.«

Wird im Familiengottesdienst gesungen und getanzt, so gehen die Kinder zur fünften und sechsten Strophe auf ihre Plätze zurück. Sind die Kinder unter sich, so wird man sich (wegen des Auswendigsingens) ohnehin auf ein bis drei Strophen beschränken und die drei Hauptformen des Tanzes (evtl. auch noch variiert) z.B. auf die Strophen 1, 2 und 4 verteilen. Anfangs reicht sogar die Wiederholung ein und derselben

Strophe. So können Lied und Tanz auch nach und nach wachsend über mehrere Sonntage verteilt werden, wozu sich insbesondere die Zeit nach Epiphanias anbietet, für welche der »Morgenstern« als Zeichen des »Er-Scheinens« Christi in der Welt eine lange Tradition hat.

■ *Kurzübersicht*

Strophe	Bewegung
1	Im Altarraum Stern bilden, der sich gegen den Uhrzeiger dreht
2	Stern dreht sich in Gegenrichtung, Hände heben
3+4	Stern in Ursprungshaltung und -drehrichtung, Licht vom Altar holen
5+6	Mit dem Licht auf die Plätze zurück

Die güldene Sonne (EG 444; LJ 254)

Hier sollte man in der Bewegung die Eigendynamik der tänzerischen Melodie dominieren lassen. Dennoch lassen sich organisch einige Textbezüge aufnehmen, ohne den von Strophe zu Strophe identischen Schritt zu stören:

Der Grundschritt im Dreiertakt erinnert an einen Wiener Walzer, allerdings stehen wir ohne Paarbildung, die Hände beider Nachbarn locker herabhängend gefaßt, im weiten Kreis und gehen, jeden ersten von drei kleinen (!) Schritten betonend (im Tempo der Viertelnote) auf die Mitte zu: **Rechts**–links–rechts, **links**–rechts–links, und zwei weitere Takte ebenso, die durchgefaßten Hände langsam hebend, bis wir im engsten Kreis stehen.
Nun geht es mit vier großen, weitausholenden Schritten in den Ausgangskreis zurück, die immer noch gefaßten Hände senken sich dabei nahezu von allein. Die folgenden zwei Zählzeiten warten wir oder überbrücken sie mit einer kleinen gemeinsam verabredeten Bewegung auf dem Platz, z.B. mit einem zweimaligen Tippen der rechten Zehenspitze auf den Boden.
Die zweite Hälfte der Strophe bringt eine variierte Wiederholung der ersten: Wir drehen uns gegen den Uhrzeiger und gehen mit der bereits gelernten Schrittfolge betonend vier Takte über die Kreisbahn. Statt der vier Schritte rückwärts lösen wir nun die Fassung und drehen uns mit vier Schritten einmal um uns selbst. Bis zum Neubeginn zwei Zählzeiten warten oder Pausenfüller wie oben …
Wer genau in den Liedtext hineinhorcht und dabei auch auf die Bewegung achtet, wird trotz des wechselnden Textes bei gleichbleibendem Tanz zahlreiche Korrespondenzen feststellen können:
Zu »Leben und Wonne« kommen wir in der Mitte zusammen, »weichen« dann zurück wie die »Finsternis«, wenden uns und ziehen der »aufsteigenden Röte« entgegen.

In der zweiten Strophe sehen wir im Heben der Hände das Lob »des Höchsten dort oben«, die folgende »Nacht« erinnert uns an das Zurückweichen der Finsternis aus der ersten Strophe und fällt mit selbiger Schrittfolge zusammen.
Besonders deutlich ist der Text/Tanz-Bezug dann noch einmal in der vierten Strophe, wenn wir just zur Zeile »Es sei ihm gegeben, mein Leben und Streben, *mein Gehen und Stehn*« vier große Schritte gehen und dann stehen. Hier sollte die Pause bewußt ausgehalten und auch auf die Bewegung am Platz verzichtet werden.

Wer möchte, kann den Schluß wie folgt variieren:
— Tanzen die Kinder für sich allein, so heben die zwei Größten im Kreis (dann also doch ein Paar bewußt nebeneinander) die Hände »und öffnen die Tür«: Alle andern ziehen hindurch in langer Reihe auf ihre Plätze, das Torbogenpaar schließt sich abschließend hinten an. Dazu summen alle die Melodie oder ein Instrument intoniert sie als Nachspiel.
— Wird vor Zuschauern getanzt, so schließt die letzte Drehung schon (nach 90 Grad), wenn alle sich nach außen gewendet und die Hände zu Torbögen erhoben haben.

■ *Kurzübersicht*

Takt	Bewegung im Kreis
0	Auftakt abwarten
1–4	pro Takt 3 kleine Schritte zur Mitte, rechts beginnt, dabei gefaßte Hände langsam erheben
5+6	4 große Schritte rückwärts, dabei Hände senken, anschließend 2 x Tipp rechts vor links
7–10	pro Takt 3 Schritte gegen den Uhrzeiger über die Kreisbahn
11+12	mit 4 Schritten ganze Drehung um die rechte Schulter, anschließend 2 x Tipp rechts vor links von vorn

II. Lieder für den Kindergottesdienst

6. Lieder zu Elementen der Liturgie

Lieder und Tänze leben von der Wiederholung. Gerade im Gottesdienst mit Kindern sollte die Chance genutzt werden, neben kreativer Umsetzung der sonntäglich wechselnden Themen auch die Wiederkehr einzelner Elemente und somit eine wesentliche Form liturgischen Feierns zu entdecken. Dafür bieten sich insbesondere kurze und zum Teil der Tradition abgelauschte Singsprüche an, deren Texte uns den Grund unseres Singens »er-innern« helfen.

6.1 Glocken

Ein erstes Element der Liturgie, das musikalisch ausgestaltet werden kann, sind die Glocken, die uns zum Gottesdienst rufen. Ihnen zu lauschen und ihren Ruf in uns nachklingen zu lassen, kann uns helfen auch innerlich zusammenzukommen (siehe »Glocken-Quodlibet«).

Zum Liedtext

Es ist das Lied der Glocken (von Westminster), sie sind das »Wir« des Liedtextes: Sie rufen, schwingen, sind ganz Ton und wir ganz Ohr. Dann aber wollen wir es den Glocken gleich tun und ebenfalls rufen und klingen, singen und schwingen. Letzteres kann eine erste Anregung zur Bewegungsumsetzung sein: Gleichmäßig und mit Richtungswechsel jeweils am Taktanfang schwingen wir singend hin und her.
Die zweite Strophe kann für jüngere Kinder weggelassen werden. Für die Älteren und uns selbst aber ist die Besinnung hilfreich: Gottesdienst, das ist ein Genitiv. Wessen Dienst? Gottes Dienst! Nicht wir also gehen zum Dienst in die Kirche, sondern weil Gott uns gedient hat und heute noch dient, haben wir Grund zum Feiern. Von diesem ersten »Diensthabenden« läßt sich mancherlei lernen: Er hat z.B. seinen Jüngern die Füße gewaschen, nicht den Kopf! Gottesdienst darf ein Fest sein, keine Pflichtübung.

KinderGottesDienst
GottesDienstKinder
GottesKinderDienst
KinderDienstGottes

Das Glocken-Quodlibet

Texte und Quodlibetsatz: Siegfried Macht
Melodie A: Die Glocken von Westminster
Melodie B: Kommet, ihr Hirten

♩ = 98

Melodien A und B auch gemeinsam (Quodlibet)

Die Akkorde in Klammern gelten nur für das Quodlibet, d.h. beim gleichzeitigen Singen beider Melodien.

Zur Vertiefung

Wenn wir Gelegenheit haben, gemeinsam mit den Kindern auf die Kirchenglocken zu lauschen (vielleicht wird der Kindergottesdienst sogar eingeläutet), sollten wir dies erst einmal ausgiebig tun. Ansonsten können wir auch Glocken auf Cassettenrecorder aufnehmen. Älteren Kindern macht es Spaß mit ihrem Recorder auf »Glockenjagd« zu gehen. Zum nächsten Treffen haben wir dann vielleicht sogar die Glocken verschiedener Kirchen, und wenn wir nun auch noch zwei oder drei Abspielgeräte haben, können sie einander zuläuten.

Nun kommen wir in ein Gespräch über den Sinn, die Aufgabe der Glocken und von da auch gleich ins Lied (Melodie A). Glocken verkünden etwas, was alle hören sollen: Sie rufen zum Gottesdienst, zur Taufe, zur Hochzeit, zur Beerdigung. Sie läuten den Feierabend ein, sie sagen uns, daß der Sonntag bevorsteht. Manchmal haben sie auch geläutet, wenn Feuer ausgebrochen ist oder eine Sturmflut kam, sie haben vor Krieg gewarnt oder den Frieden begrüßt. Glocken haben mit Freude und Leid zu tun, sie erklingen zu den Höhepunkten unseres Lebens.

Nicht nur zur Weihnachtszeit können wir ein kleines Quodlibet ausprobieren und die Melodien A und B gemeinsam singen: Der (leicht variierte) Ruf aus dem bekannten Weihnachtslied (Melodie B) gilt nämlich das ganze Jahr über. Wenn Glocken sprechen könnten, so wäre er wohl ihr Lieblingsvers: »Kommet ihr Kinder, ihr Männer und Fraun.«

Musikinstrumente

Daß sich hier Glockenspiele und Metallophone besonders anbieten, liegt auf der Hand: Die Melodie der Glocken von Westminster läßt sich dazu in vier Teile zu je zwei Takten zerlegen. Wenn nun jedes Kind nur einen der drei Bausteine spielt, läßt sich schon in einfachsten Verhältnissen schnell alles zusammensetzen. Wer besonders gut hinhört, merkt, daß der zweite und der vierte Teil identisch sind, das macht es noch leichter: Wir brauchen eigentlich nur drei Gruppen. Wenn wir nicht genügend Metallophone und Glockenspiele haben, singen die anderen oder sie übernehmen auf Instrumenten freier Wahl (passend wären Triangeln) je zwei Schläge am Ende jeder Zeile: So schaffen wir es auch, die Pausen auszuhalten.
Hier haben wir ausnahmsweise einmal die Melodie gelernt, ansonsten ist es ja viel einfacher zu begleiten: Die Begleitbuchstaben über den Noten zeigen an, daß wir nur zwei verschiedene Töne (hier »F« und »C«) brauchen, um das ganze Lied mitzuspielen. Wir wählen möglichst Einzel-Baßstäbe von Metallophon oder Xylophon bzw. deren tiefste Oktave und spielen (ohne auf den Wechsel in Klammern zu achten) auf jeden Takt einen Ton: F-C-C-F, F-C-C-F. Je langsamer wir singen, desto schwerer ist es, nur einen Ton pro Takt anzuschlagen. Dann empfiehlt es sich (auf den Xylophonen) jeden Ton pro Takt dreimal anzuschlagen (FFF-CCC-CCC-FFF usw.).

Bewegungsumsetzung

Zum Lauschen auf die Glocken, besonders aber, wenn wir unsere eigenen Glocken sind und das Lied (Melodie A) singen, können wir uns auch als Glocken bewegen: Die 3. Liedstrophe verrät uns, wie das geht: »Wir schwingen hin, wir schwingen her …« immer einen Takt lang in die eine, dann in die andere Richtung.
Die Kleineren haben auch Spaß an einem *Fingerspiel*, das aus der Gebetshaltung der Hände entwickelt werden kann:
Der eher »katholischen« Gebetshaltung (die lang ausgestreckten Hände liegen aneinander) folgt die eher »evangelische« (die Hände werden

»gefaltet«, indem die Finger sich nach dem Reißverschlußprinzip in die Lücken zwischen den Fingern der jeweils anderen Hand legen).
Nun werden die Hände wieder ein wenig gelockert, so daß sie eine Art Kirchenkuppel, ein Turmzimmer bilden, in das wir unsere Glocke hängen: Einer der beiden Mittelfinger wird dabei eingerollt und durch das »Dach« nach unten gesteckt. Bevor er dort als Glocke läuten darf, beginnt allerdings der schwierigste Teil des Fingerspiels. Jetzt müssen kunstreiche Dachdecker nämlich erst wieder die Unordnung auf dem Kirchturmdach beseitigen und das ist schon allein der schwindelnden Höhe wegen keine Kleinigkeit.
Der zur Glocke gewordene Mittelfinger hat eine unschöne Lücke im Dach hinterlassen, zwei Finger der anderen Hand liegen nun direkt nebeneinander. Jetzt müssen also alle Finger so umsortiert werden, daß wieder beide Hände jeweils abwechselnd einen Finger stellen: Es gibt zwei Möglichkeiten, aber nur eine Lösung!
Wenn die Hand, deren Daumen der Brust näher ist, den Mittelfinger als Glocke stellt (das wird in der Regel die rechte sein), so muß in Richtung auf den Daumen hin umsortiert werden. Stellt aber die andere Hand den Mittelfinger als Glocke, so müssen die verbleibenden Finger in Richtung auf den kleinen Finger hin umsortiert werden.
Nur Mut: So schwer wie das Verstehen dieser Erklärung ist es nun auch wieder nicht!

6.2 Eingang

Damit der Eingang wirklich zum »Ein-Gang« wird, bietet sich ein gestalteter Einzug mit einem Lied an, das eine gewisse »Eingängigkeit« besitzt und auch inhaltlich zur Wegbereitung auffordert:

Bereitet den Weg des Herrn

Text: Lukas 3, 4b
Musik: Siegfried Macht

Kanon für 4 Stimmen

Da der gesamte Kanon auf ein und derselben Harmonie basiert, ergeben sich einfache Anregungen für die Praxis:

Liedbegleitung

Für das gesamte Lied, ein- wie auch mehrstimmig im Kanon gesungen, reicht als Instrumentalbegleitung die ständige Wiederholung
— des Tones »g« (auf Metallophon, Glockenspiel usw.)
— der Bordunquint »g« und »d«
— des Dreiklanges »G-Dur« (Gitarre usw.)

Bewegungsanregung

Vor allem in großen (evtl. dunklen) Kirchen oder Sälen mit viel Hall können wir einzeln oder in Gruppen frei durch den Raum oder vom Eingang auf verschiedenen Wegen zum Altar ziehen und dabei das Lied singen. Da man zu jedem Takt neu einsetzen kann, beginnen wir nacheinander mit Gesang und Bewegung, pausieren, wann immer wir wollen, und hören den anderen zu, gehen weiter und befinden uns stets geborgen in einem auf- und abschwellenden glockenartigen Wohlklang.
Wir können Teelichter o.ä. in der Hand halten, die wir an bestimmten Stellen, eventuell auch erst im Altarraum angekommen, anzünden.
Ähnlich können wir auch in einem Familiengottesdienst die Kinder oder eine andere Vorbereitungsgruppe kanonversetzt durch die Gottesdienstgemeinde ziehen lassen.

Liturgischer Ort

Der Liedtext aus dem Lukasevangelium (Jes 40, 3 – 5 zitierend) ist der Bußruf des Johannes, womit gleich mehrfache Anknüpfungsmöglichkeiten im Ablauf des Gottesdienstes bzw. im Kirchenjahr angezeigt sind. So bietet sich der kleine Kanon insbesondere an:
— Zum Gedenktag des Johannes, bzw. wenn die sonntägliche Lesung der entsprechenden Perikope entstammt.
— In jeglicher Buß-, Fasten- und Vorbereitungszeit, welche die Ankunft Jesu bedenkt, natürlich besonders im Advent.
— Darüber hinaus bietet sich der Kanon generell zum Beginn des Gottesdienstes an, da der Einzug nach alter kirchlicher Tradition eben nicht nur unsern Einzug in das Haus Gottes, sondern auch das Kommen Gottes in unsere Mitte bedenkt.

6.3 Lesung

»Seid aber Täter des Wortes und nicht Hörer allein, sonst betrügt ihr euch selbst« heißt es im Brief des Jakobus (Kapitel 1, Vers 22). Das Singen eines auf die Lesung antwortenden mehr oder weniger handelnd

Herr, dein Wort, die edle Gabe

Text: Nikolaus L. v. Zinzendorf 1725
Melodie: Halle 1704
Kanonfassung: Siegfried Macht

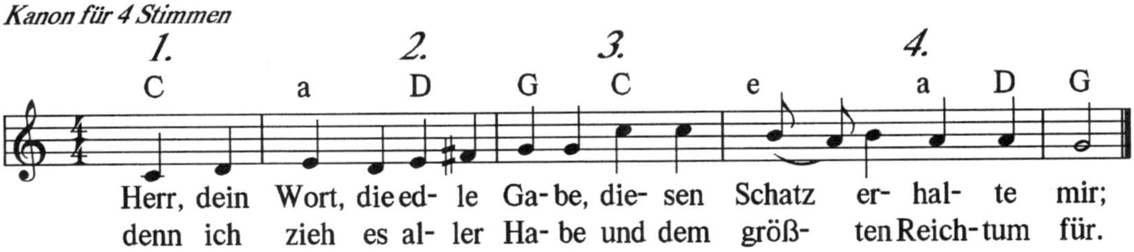

Begleit-Ostinato

Einfachste Begleitung

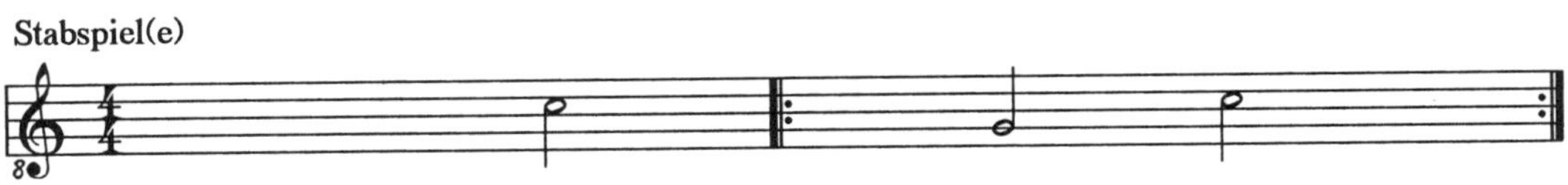

ausgestalteten Liedes kann in diesem Sinne eine erste Reaktion sein, es wird zum »Platzhalter« für weitergehende Reaktionen: Gottes Wort will beantwortet sein (»Herr, dein Wort, die edle Gabe«, s. oben).

Kanonbegleitung

Sobald der Kanon vierstimmig aufgebaut ist, wäre a-Moll/D-Dur/e-Moll/G-Dur die angemessene Begleitung: Wechsel auf jeder Viertelnote.
In einfachsten Verhältnissen reicht jedoch schon der Wechsel der Töne »c« und »g« auf einem beliebigen Instrument (siehe Notenvorschlag für Stabspiel).

Mit Älteren kann man einen Begleit-Ostinato (siehe Notenbild) probieren, der stilistisch ein wenig an ein Blues-Rock-Riff erinnert.

Schatzsuche

Wir verstecken irgendwo im Raum eine Bibel und teilen die Kindergruppe in zwei Hälften: Während die eine Gruppe singt, begibt sich die andere auf »Schatzsuche«. Wer die Bibel gefunden hat, darf sie erneut verstecken und nun wechseln die Rollen: Die Schatzsucher singen und die Sänger von eben gehen auf Schatzsuche (eventuell mit erneutem Wechsel).
Wer möchte, kann auch »Schatz auslösen« spielen und mit kleinen Geschenken (es müssen nicht immer die ungesundesten Süßigkeiten sein) die Bibel anschließend wieder in den Bestand der Kirchengemeinde »zurückkaufen«.

Schlußimpuls: Wo liegt die Bibel, der Schatz, normalerweise im Gottesdienst? Falls wir nicht ohnehin in der Gemeinde sind, folgt also eventuell ein »Kirchgang« als Lokaltermin für die Schatzsucher. Entweder um die Vermutung bestätigt zu finden, oder auch um unsere Bibel dorthin zu tragen, wo sie hingehört. Das kann wiederum singend und so fast prozessionsartig geschehen.

6.4 Lob und Dank

Lob und Dank sind zentrale Themen der gottesdienstlichen Feier. Das Halleluja ist seit alters her nicht nur ein Ausdruck der Osterfreude, sondern auch eine Antwort auf das zuvor gehörte Wort Gottes.
Das Lob Gottes und der Dank für seine Taten stehen bei einigen Gottesdienstthemen besonders im Vordergrund, z.B. Erntedank und Schöpfung, aber auch Weihnachten, Ostern und Pfingsten.
Ebenso ist jeder Abendmahlsgottesdienst eine große Dankfeier (griechisch: eucharistia = Danksagung).
Dazu ein Halleluja-Kanon zum dreistimmigen Lob des dreieinigen Gottes (vgl. EG 181,1).

Halleluja

Siegfried Macht (frei nach der Antiphon zum 5. Psalmton)

Kanon für 3 Stimmen

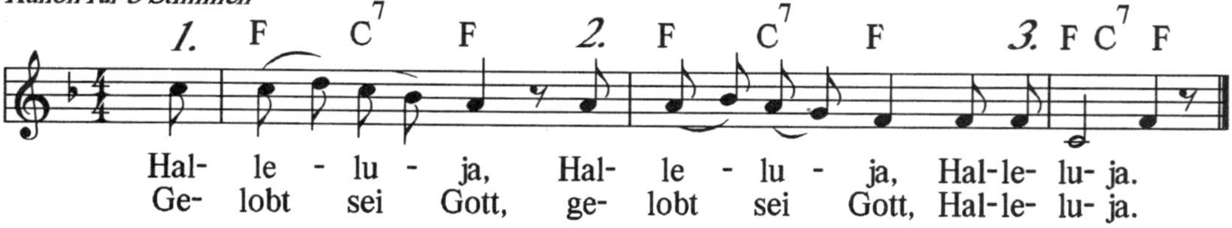

Blockflöte und Stabspiele

Für die Gestaltung von Vor- und Nachspiel und/oder Begleitung können mitspielen:

— Baßstäbe und Metallophone den Wechsel von »F« und »C« (siehe Buchstaben für Gitarrenakkorde über den Noten)
— (C-Block-)Flöten die Noten der ersten beiden »Halleluja«
— Xylophone die Noten des letzten »Halleluja«
— Glockenspiele die gesamte Melodie, vielleicht auch nur das erste Halleluja, das (wegen des »b«) für die Kinder auf der Blockflöte noch zu schwer ist.

Verschiedenste Kombinationen in Bausteintechnik sind möglich, da die Xylophone ihren Teil entweder immer oder nur als drittes Halleluja spielen können. Es können auch zwei Flöten sich taktweise abwechseln oder im Kanon spielen usw.

Wir danken Gott

Siegfried Macht (Kanonfassung)
nach E. Alber (Text: 1537)
und P. Davantes (M: 1526)

Kanon für 2 Stimmen

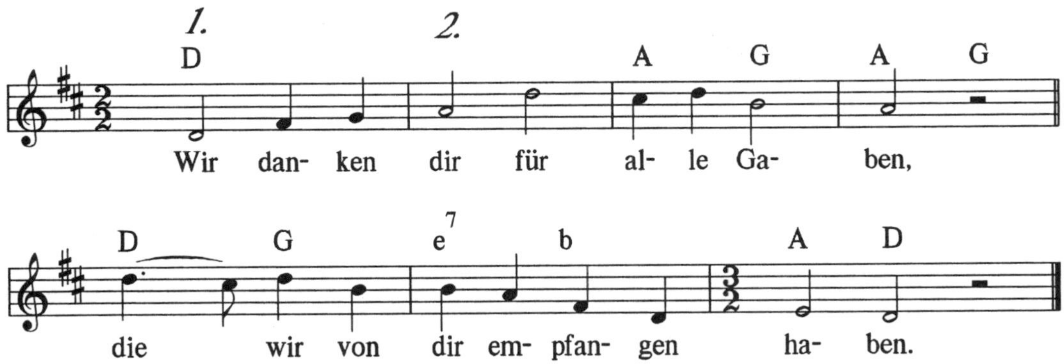

Der kleine Intonationskanon ist (bis auf eine winzige Textänderung, s. u.) mit den ersten vier Takten der Choräle »Nun danket Gott« (EG 290) und »Wir danken Gott« (EG 458) identisch. Die folgenden Takte bringen eine (der Mehrstimmigkeit halber) nötige kleine Variation der Melodie.
Als Kanon sollte das Ganze nicht zu schnell gesungen werden. (Metrum der Halben Note etwa bei 72, dann hätte die Viertel die 144 = 12 x 12, die heilige Vollzahl der lobenden und dankenden Gemeinde.)

Noch einfacher singen

Mit jüngeren Kindern kann man sich auf das Singen der ersten Textzeile (bis zum schmalen Doppelstrich) beschränken. Sie ergibt bereits ein in sich stimmiges Mini-Danklied, das sogar zweistimmig als Kanon singbar und mit dem Choralanfang völlig identisch ist. Für die Mehrstimmigkeit muß lediglich auf das Aushalten der halben Pause vor dem Neueinsatz geachtet werden.

Texte selber (er)finden

Neben der Funktion als Hinführung zum kompletten Gemeindechoral und der Möglichkeit, statt eines Orgelvorspiels im Familiengottesdienst mit dem Kanon zu intonieren, bestechen Intonationskanons vor allem durch die Möglichkeit, ihnen die verschiedensten Texte zu unterlegen: Da es sich ja in der Regel um ausgewählte Zeilen eines Chorals handelt, können auch alle korrespondierenden Zeilen anderer Strophen zum Gesang gewählt werden. Wir haben also die Möglichkeit, uns unseren Kanontext je nach Thema des Kindergottesdienstes selbst zu wählen. Geht es z. B. um den Auszug aus Ägypten, so gibt das Lied 290 mit seiner 5. Strophe einen auch für sich stehenden Kanontext:

»Gott zog des Tages vor dem Volke,
den Weg zu weisen in der Wolke …«

Wer möchte, kann nun sogar die folgenden Zeilen auf dieselbe Melodie singen, man muß nur die Schlußsilbe über jeweils zwei Töne ziehen:

»… und machte ihm die Nächte hell;*
ließ springen aus dem Fels den Quell …

(* Er zog nämlich in der Nacht als Feuersäule voran.)

Hin und wieder wird man ein wenig über die Betonungen stolpern: »Gott zog des Ta-GES …« Hier fällt die unbetonte zweite Silbe auf einen recht exponierten Ton (das hohe »d«) und wir müssen unsere Dynamik ein wenig zurückhalten. Das Lied stammt aus der Zeit taktfreier Notation. Eigentlich müßten wir alle Taktstriche entfernen und jegliche Betonung der Sprachmelodie entnehmen.

Tischkanon

Eine weitere kleine Veränderung des Textes ist den Noten bereits unterlegt: Während das Original »Wir danken Gott für seine Gaben« beginnt, findet sich mit der direkten Anrede Gottes in der hier mitgeteilten Form quasi die Gebetsfassung, die vor allem auch als Tischkanon Verwendung finden kann.

Erntedankprozession

Zum Erntedankfest können die Kinder die Gaben vom Eingang in einer kleinen Gabenprozession in den Altarraum bringen. Dazu ergeben sich verschiedenste Möglichkeiten begleitenden Singens von der ständigen einstimmigen Wiederholung nur der ersten vier Takte über deren Kanon bis zum siebentaktigen Kanon.

Besonders reizvoll ist es, die Kinder in zwei Reihen durch den Mittelgang einziehen zu lassen und jeder Reihe eine der beiden Kanonstimmen zuzuweisen. Im Familiengottesdienst reicht es dann völlig, wenn einige der ältern Kinder mitsingen, ansonsten stimmen ja die beiden Kirchenschiffhälften jeweils bei »ihrer« Reihe mit ein, so daß die Kleineren in der Reihe sich voll und ganz auf das Tragen ihrer Gabe konzentrieren dürfen.

Zu weiteren Lob- und Dankliedern, die in diesem Buch beschrieben sind, vgl. das Stichwortregister S. 156.

6.5 Segen, Sendung, Abschied

Wenn Segen etwas ist, was das Sagbare übersteigt, weil der Segen Gottes »höher ist als alle Vernunft«, so liegt es auf der Hand, zu singen. Segen und Sendung gehören zusammen, denn wer gesegnet ist, soll nun anderen zum Segen werden (vgl. 1. Mose 12, 2) und daß er dies kann, liegt am Mitziehen Gottes. So ist ein feierlich gestalteter Auszug mehr als ein schöner Abschluß: ein guter Anfang.

Ich lasse dich nicht

Text und Musik:
Siegfried Macht

Wir stehen im Kreis und halten uns an den Händen: Weil wir Gott nicht »fassen« können, nehmen wir einander bei der Hand – im Sinne Jesu, der uns erinnert hat, daß alles, was wir einander tun, so ist, als hätten wir es ihm getan, Gutes wie Böses (vgl. Mt 25, 40).

Nachdem wir gesungen haben, was schon Jakob in lebensbedrohlicher Situation und Angst vor der Zukunft ausgesprochen hat (vgl. 1. Mose 32, 26 ff), wird ein Segenswort gesprochen oder (evtl. nur von der Gruppenleitung) Strophe 2 gesungen.
Abschließend (lassen wir uns los und) singen die dritte und vierte Strophe. Eventuell wiederholen wir die vierte mehrfach und ziehen dazu im Tempo des Liedes vielleicht sogar mit einer kleinen Schrittfolge (z.B. 3 vor, 1 zurück) bis zum Ausgang.

Segensgesten – Segenstanz (durchgestaltete Form)

Takt 1–4	*Wir stehen singend im Kreis, Blick zur Mitte, die Hände beider Nachbarn locker herabhängend gefaßt.*
Takt 5	*Die gefaßten Hände zur Mitte ausstrecken.*
Takt 6	*Die rechte Hand (mit der gefaßten Linken des rechten Nachbarn) auf die eigene Brust legen.*
Takt 7	*Die gefaßten Hände nach oben strecken.*
Takt 8	*Die gefaßten Hände in die Ausgangshaltung fallen lassen.*
Takt 9+10	*Nach rechts wiegen, dann nach links.*

Das Ganze auch in Kombination mit Schritten:
— Takt 1–4 je einen Schritt zur Mitte gehen.
— Takt 5–8 je einen Schritt zurückgehen.

Stabspiel-Begleitung

Metallophone und Glockenspiele (auch als Zwischenspiel)

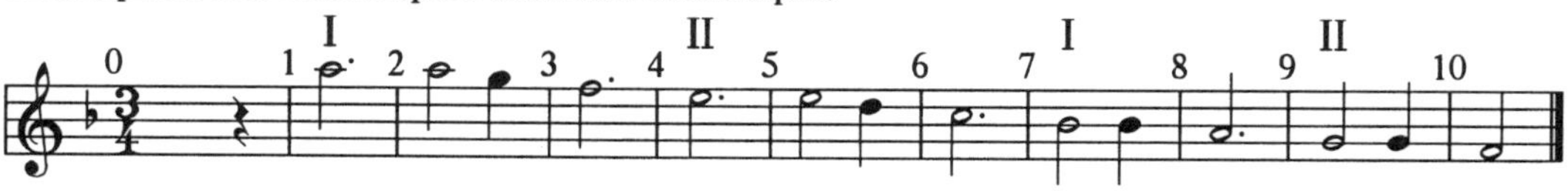

Alles ist an Gottes Segen

Text: Nürnberg 1676
Kanon (nach der Choralmelodie von J. Löhner, 1691): Siegfried Macht

Kanon für 2 Stimmen

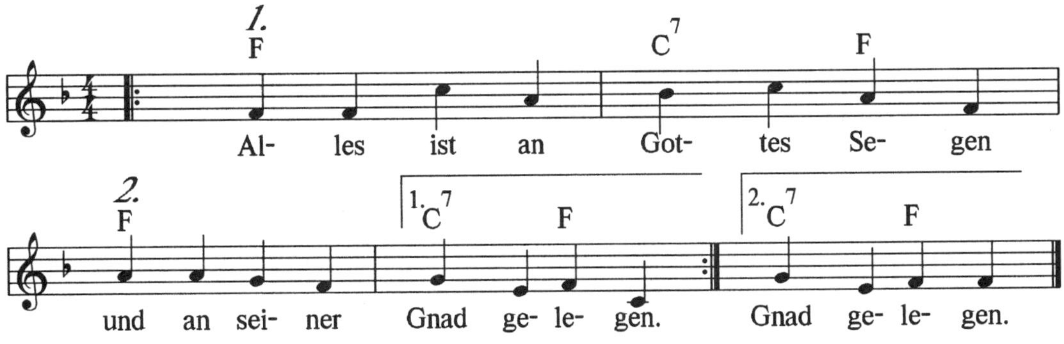

Weitere Kurztexte für die Jüngsten (vgl. EG 352)

2. Er hat mich bisher ernähret
und mir manches Glück bescheret.

3. Sollt ich mich bemühn um Sachen,
die nur Sorg und Unruh machen?

4. Nein ich will nach Gütern ringen,
die mir wahre Ruhe bringen.

Damit haben wir auch unter den älteren Liedern ein geeignetes zum Thema »Stilleübungen«.
Weitere zweizeilige und nach der obigen Kurzfassung singbare Texte lassen sich aus den Zeilen 1+2 bzw. 4+5 des sechszeiligen Originals herauslösen: Wenn es bei der Auswahl im Vorbereitungskreis zu theologischen und ästhetischen Auseinandersetzungen kommt, so kann das der Intensität der Zusammenarbeit nur förderlich sein.

Instumentalbegleitung

Schon die beständige Wiederholung von nur zwei Tönen auf Xylophon und/oder Metallophon ergibt eine gute Stütze des Singens: F-F-C-F, F-F-C-F usw., Schläge im Tempo der halben Note.
Einfachere Gitarrenakkorde: E und H7 (+ Cap I. Bund) oder D und A7 (+ Cap III. Bund)

Improvisation als Einsinghilfe

Stellt man die Einzelstäbe »F-A-C« (also den F-Dur-Dreiklang) zusammen oder präpariert ein Stabspiel (durch Klebepunkte, Herausnehmen der anderen Stäbe o.ä.) entsprechend, so können auch schon die Jüngsten ein kleines Dreiklangvorspiel, -zwischen oder -nachspiel improvisieren. Der spielerische Umgang mit den Dreiklangtönen steckt zudem den Rahmen für das Singen ab, das anschließend noch leichter fällt (vgl. dazu insbesondere Takt 1).

Dir scheine die Sonne

Text nach einem irischen Segen
Musik: Siegfried Macht

Wechselgesang

Diese Melodie verlangt eine gute Atemtechnik: Wer findet die Stellen, wo man kurz Luft holen kann (»Schnappatem«)?
An eben diesen Stellen kann auch der Wechsel zwischen zwei einander zusingenden Gruppen stattfinden. Dann atmen die nächsten schon ein, wenn die ersten noch singen (wie beim antiphonalen Psalmsingen):

I: Dir scheine die Sonne, sie streichle dein Herz
II: mit dem Segen des gütigen Gottes,
I: bis es glüht wie ein wärmendes Feuer,
II: und der Fremde bleibt nicht in der Kälte.

Gitarrenbegleitung

Wer einen Ton höher singt, kann die Originalharmonien so verändern: G - C - G - C - hm7 (ersatzweise G) - em - G - D7 - C - G.
Wer eher tiefer singen möchte, bzw. einen Capodaster (auf den III. Bund) setzt spielt: D - G - D - G - D (als Ersatz für fism7) - G (als Ersatz für hm) - A7 - G - D.

Fremde in den Kreis holen

Alle Kinder stehen im Kreis mit Blick zur Mitte, anfangs noch ungefaßt, Schrittmaß ist die punktierte Viertel, d.h. pro Takt gehen wir (jeweils auf die fett gedruckten Silben) zwei Schritte.

Dir **schei**ne die **Son**ne,	*zwei Schritte rückwärts, rechts beginnt,*
sie **streich**le dein **Herz**	*zwei Schritte vorwärts, dabei Hand aufs Herz*
mit dem **Se**gen des **gü**tigen **Got-tes,**	*Hände beider Nachbarn fassen und wiegen nach rechts, links, rechts, links*
bis es **glüht** wie ein **wär**mendes	*zwei Schritte zur Mitte, durchgefaßte Hände dabei heben*
Feu-er, und	*zwei Schritte zurück, Hände senken*
der **Frem**de bleibt **nicht** in der **Käl-te.**	*ganze Drehung um die linke Seite mit vier Schritten.*

Interessant wird es eigentlich erst, wenn man den Tanz in der nächsten Woche wiederholt oder vor Gästen tanzt. Dann treten nämlich während der ersten zwei Rückwärtsschritte des Kreises immer einige der »Fremden«, die noch nicht mitgetanzt haben, in eine der Lücken und alles beginnt mit ihnen zusammen von vorn.
Jetzt wird deutlich, daß die einführenden Rückwärtsschritte bewußt als Öffnung des Kreises gemeint sind und diesen von Runde zu Runde (durch die Hinzukommenden) vergrößern.
Als »Eselsbrücke« für die Seite, um welche wir die abschließende Drehung ausführen, denke man an den Fremden, dem wir uns *mit dem Herzen* zuwenden, d.h. wir drehen uns um die linke Seite, wie sich ja auch der in die Gemeinde schauende Liturg im Gottesdienst mit dem Herzen (also linksherum) zum Altar wenden sollte …
Während dieser abschließenden Drehung nehmen wir Blickkontakt mit eventuellen Gästen und Zuschauern auf und winken sie vielleicht auch mit einer kleinen einladenden Handbewegung herzu. Mit unseren anschließenden Rückwärtsschritten weiten wir den Kreis, machen ihnen Platz, ja eilen ihnen ein wenig entgegen, um ihnen den Einstieg so leicht wie möglich zu machen.

Ade, Adieu, mit Gott

Text und Musik: Siegfried Macht

Kanon für 2 Stimmen (1-3 Halbtöne höher als notiert)

Den Gruß bedenken

Hinter dem schnell dahergesagten Abschiedsgruß »Adieu« oder der Kurzform »Ade« steckt ein frommer Wunsch. Denn »dieu« ist das französische Wort für Gott und »a dieu« heißt demnach in etwa »Gott befohlen«. Wem ich dies wünsche, den vertraue ich Gott an, ich wünsche ihm Gottes Gegenwart.

In einer Zeit, in der immer mehr Menschen an die Macht des Bösen glauben (Okkultismus, Voodoo usw.), die Macht des Guten, die befreiende Kraft Gottes aber kaum in ihr Blickfeld gerät, in einer solchen Zeit ist es gut, wenn ein Wunsch wie der des Liedtextes ein Gefühl für die Realität des Segens vorbereitet. Wenn Kinder Segen erfahren als den guten Wunsch eines Menschen, der sich für sie mit dem guten Wunsch Gottes verbindet, so ist das schon sehr viel angesichts der Allgegenwart böser Wünsche und neudeutscher Erwachsenenworte wie »Mobbing«.

Höher singen als notiert

Die oben notierte Melodiehöhe kommt ohne Vorzeichen aus und eignet sich hervorragend zur Gitarrenbegleitung. Für Kinderstimmen ist sie allerdings etwas zu tief. Um dem Abhilfe zu schaffen, kann ein Capodaster auf die Gitarre aufgesetzt werden, was etwa auf dem III. Bund eine ideale Tonhöhe (bei gleichbleibenden Griffen) ergibt.

Lebt wohl

Text: Gustav Knak 1843
Kanon (nach Philipp Nicolai):
Siegfried Macht

Kanon für 5 Stimmen

Dieser Intonationskanon nach dem Choral »Zieht in Frieden eure Pfade« (EG 258), der die Melodie von »Wachet auf, ruft uns die Stimme« (EG 147) übernommen hat, hat sein Motiv nicht aus dem Anfang, sondern aus dem Mittelteil (kurz vor Schluß) des Originals gelöst. Um anschließend mit dem Choral fortzusetzen, ist dies eigentlich auch noch logischer: Vor den Anfang einer Strophe gehört schließlich der Schluß der vorangehenden und nicht ihr Anfang.

Beim Singen mit Kindern wird man jedoch in den wenigsten Fällen die kurze Melodie wirklich als Intonation zum Choral verwenden, eher geht es um die Erschließung eines kleinen in sich ruhenden Abschiedsliedes.

Einsetzen wo man will

Der Clou des Kanons besteht aus den schnell aufeinanderfolgenden Einsätzen, durch die man zu jeder Zeit mit der nächsten Stimme beginnen kann, ohne an irgendeiner (üblichen) Stelle etwas falsch machen zu können.

In Pfingstharmonie auseinandergehen

Wenn man also an jeder Stelle des »laufenden« Kanons hinzukommen kann, so gilt dies auch für eine korrespondierende Bewegung. Wir können also (nicht nur Pfingsten) abschließend nacheinander, ein jeder wann er will, singend aufstehen und dem Ausgang zustreben: Wir ziehen »in Gottes Namen« in alle Welt, und es ergibt sich bei allem Durcheinander eine wundervolle Mehrstimmigkeit!

Sprechkanon

Als Vorbereitung für das Kanonsingen und gute Übung zum sicheren Einsetzen bietet sich ein kleiner Sprechkanon an, der unsicheren Sän-

gern auch als Ersatz für die gesungene Fassung dienen kann. Dazu sprechen wir die erste (und evtl. zweite Zeile) im Rhythmus des Kanons:

Sprechkanon

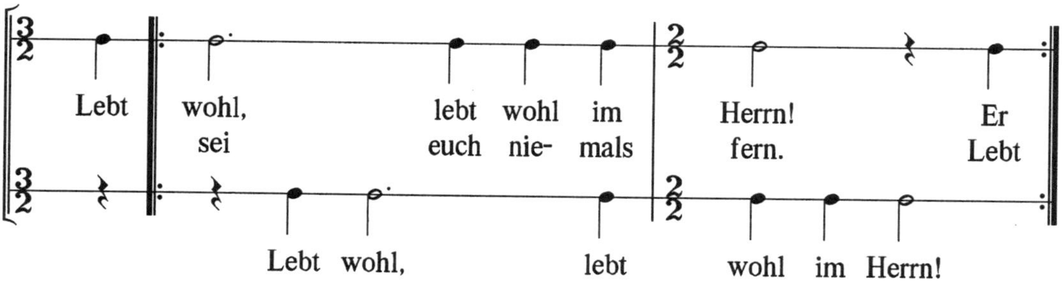

Ein Dreiklang nur

Das ganze Lied ist mit einem einzigen Dreiklang zu begleiten, als meinte es diesen: Vater, Sohn und heiliger Geist!
Wer auf seiner Gitarre nur einen einzigen Dur-Griff beherrscht, spiele eben diesen und er kann das ganze Lied damit begleiten. Wenn es ein anderer ist als das oben notierte »C« – kein Problem, dann geht es trotzdem, das Lied wird nur entsprechend höher oder tiefer angestimmt werden müssen.
Für die Stabspiele gilt dasselbe: Die beständige Wiederholung des Tones »C« und/oder der Bordunquint »C+G« und/oder des Dreiklanges »C+E+G« reicht für den ganzen Kanon.

6.6 Taufe und Tauferinnerung

Taufe und Tauferinnerung sind Gottesdienste, die in besonderer Weise das Einbeziehen von Kindern verlangen, denn schließlich geht es um sie.
Das vorgeschlagene Lied zur Kindersegnung (EG 203,3) kann zu beiden Anlässen verwendet werden. Speziell für Tauferinnerungsfeiern ist das Lied »Ich kann mich nicht erinnern« gedacht. (Praktische Vorschläge für Gottesdienste zur Tauferinnerung werden in dem Buch »Willkommen in unserer Kirche« von A. Grüßhaber und G. Martin gemacht, s. Literaturhinweise S. 159).
Schließlich sei noch auf das Lied »Der Herr, mein Hirte« (s. Seite 123) zum Stichwort »Namensgebung« verwiesen.

Die Kinder lasset kommen her

Ach lieber Herre Jesu Christ

Text: Johannes Freder um 1555
Melodie: Steurlein/Vulpius/Briegel
Kanonsatz: Siegfried Macht

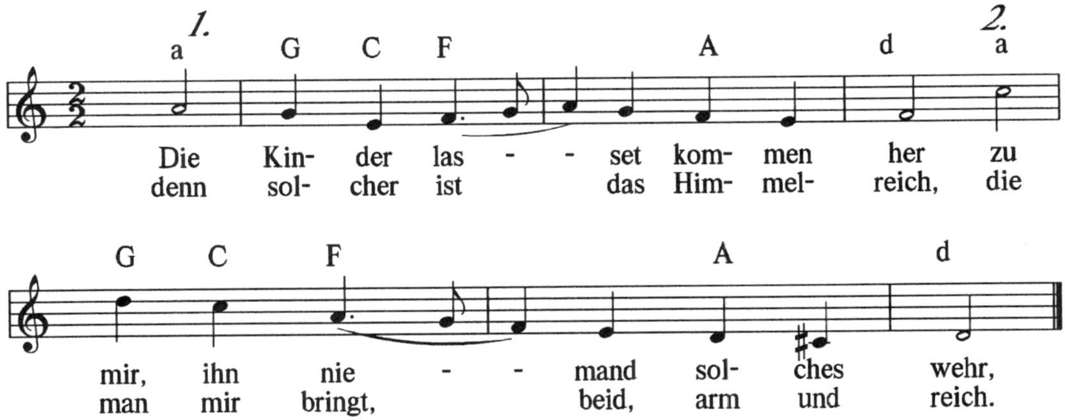

Zur Ausgestaltung (Liedbegleitung usw.) siehe die übertragbaren Anmerkungen bei dem melodiegleichen Choral-Kanon »Das alte Jahr vergangen ist« (Seite 93).

Ich kann mich nicht erinnern

Text und Musik (nach »Wohl denen, die da wandeln«): Siegfried Macht

Tauf-Erinnerungslied

2. Ich hab es nicht verstanden,
ich war noch viel zu klein;
vielleicht hab ich geschrien –
auch das darf bei dir sein.

3. Du magst mich nicht nur leise,
du magst mich nicht nur laut;
ich hab schon eh ich's wußte
auf deine Art vertraut.

4. Dein Licht brennt auf dem Altar,
dein Licht brennt auch für mich;
und wen es angesteckt hat,
der brennt seitdem für dich.

5. Ein jeder sollte wissen,
daß Gott mich rufen ließ,
so sagten meine Eltern
zur Taufe, wie ich hieß.

6. Ein Kreuz als Fingerzeichen
berührte mein Gesicht –
nicht viel, nicht wenig Wasser:
dein Kreuz ist von Gewicht!

7. Das soll mich stets erinnern,
was du für uns getan,
und daß dein Weg den meinen
gekreuzt, um mir zu nahn.

8. Und so wie jenes Wasser
so ist auch, Gott, dein Wort –
ich möchte darin baden:
es wäscht das Böse fort.

9. Was war, das ist gewesen –
daß uns nichts Altes quält,
hat Gott das Bild des Bades,
der Neuerung gewählt.

10. Du hast solang ich lebe
stets »ja« gesagt zu mir.
Was soll man dazu sagen? –
ICH sage »ja« zu dir!

11. Wir wolln uns stets erinnern:
entäußert hat sich Gott
und tauschte seinen Himmel
gegen der Menschen Spott.

Das Lied zur Feier der Tauferinnerung kann, wenn jüngere Kinder unter sich sind, vereinfacht werden: Zum Beispiel reicht es, die erste Strophe wie einen Refrain wiederkehrend mit allen zu singen und die anderen Strophen von der Gruppenleitung singen oder sprechen zu lassen. Vielleicht können einige Strophen auch von Kindern (gelesen oder auswendig) gesprochen werden.

In den Strophen, in denen Taufrequisiten und Symbole angesprochen werden, sollten diese auch in die Gestaltung einbezogen werden:

4. Strophe: Alle Kinder tragen eine Tauferinnerungskerze, die Gruppenleitung holt das Licht vom Altar, die anderen »lassen sich anstecken« …

5. Strophe: Nach der fünften Strophe läuft die Instrumentalbegleitung leise weiter und jedes Kind nennt seinen Namen (vielleicht sogar alles rhythmisiert).

6.+7. Strophe: Bekreuzigen wir uns? Zeichnen wir unserem Gegenüber ein Kreuz auf die Stirm? Betrachten wir das Kreuz in der Kirche?

8.+9. Strophe: Mit wassserlöslicher Tinte haben wir vorher (vielleicht sogar in einer der zurückliegenden Gruppenstunden) auf ein Papier geschrieben, was andere an bösen Worten für uns gebraucht haben und auch, welche Schimpfworte wir für andere benutzt haben. Jetzt kommt alles ins »Bad der Erneuerung«.

7. Lieder zu zentralen Themen des Kindergottesdienstes

7.1 Zum Kirchenjahr

Parallel zu den sinnlich erfahrbaren Wechseln der Jahreszeiten will das Kirchenjahr die Geschichte Gottes mit den Menschen aufzeigen. Die wiederkehrenden Hauptfeste verdichten die von den Evangelisten berichteten Ereignisse im Ablauf eines (halben) Jahres (vom Advent bis Himmelfahrt bzw. Pfingsten). Angesichts der nicht nachlassenden Rede von der Sinnkrise der Gesellschaft ist es gut, sich zu erinnern, daß Judentum und Christentum von alters her ihre Feste als sinn- und identitätsstiftende Schatzhüter begriffen haben: »Sage mir, wie du feierst und ich sage dir, wer du bist!«
In diesem Sinne folgen Bausteine, die zu einem kindgerechten Singen und Feiern anleiten wollen, bei dem es um mehr geht als um Osterhasen und Weihnachtsmänner.

a) ADVENT UND WEIHNACHTEN

Gott sei Dank durch alle Welt

Text: Heinrich Held 1658
Melodie: Frankfurt/M 1659
Satz: Siegfried Macht

Gott sei Dank: So einfach kann Chorsingen sein!

Der kleine Chorsatz »Gott sei Dank durch alle Welt« (EG 12) zeigt, wie die Kinder eventuell sogar in zwei chorisch aufgeteilten Gruppen mit winzigen Melodieausschnitten und immer gleichem Text am Gesang der Erwachsenen teilhaben können. Die Melodien A und B können auch von ein und derselben Kindergruppe gesungen werden, die Kinder müssen ohnehin die jeweils andere Gruppe innerlich mitsingen oder bewußt hören, um die Pausen richtig auszuhalten bzw. ihre Einsätze zu bekommen. Nach Gruppe B können jeweils drei leise Schläge auf Percussionsinstrumenten (Klanghölzer, Triangel o.ä.) folgen, um Gruppe A über die Pause hinweg in den Einsatz hineinzuhelfen.
Um die Wiederholung nicht penetrant werden zu lassen, und den Kindern Gelegenheit zu geben, auch einmal den ganzen Choral zu hören, kann der Chorsatz auch erst zur dritten und vierten Strophe einsetzen, zumal mir die ersten beiden Strophen etwas kindgemäßer als die folgenden erscheinen.

Sind die Kinder mehr oder weniger unter sich, so kann eine sicher intonierende Gruppenleiterin (vielleicht mit den Älteren zusammen) den Choral anstimmen und eine andere singt mit den (jüngeren) Kindern die einfachen Rufe.

Kommt, Kinder, kommt in raschem Lauf

Text und Musik:
Siegfried Macht

Wie Franziskus das erste Krippenspiel machte

2. Das erste Krippenspiel erfand
   Franziskus. Mit geschickter Hand
   bemalte er die Engel und
   die Hirten und den Hirtenhund.

3. Besondere Mühe gab er sich
   bei drei Figuren; königlich
   erschuf er sie und jeder war
   als Zeichen vieler andrer da:

4. Für jeden Erdteil, der bekannt,
   hat einen König er gesandt:
   So kamen schwarz sie, gelb und weiß
   und sangen: »Gott sei Lob und Preis.«

5. Auch waren sie verschieden alt:
   Gottes Geburt läßt keinen kalt.
   Am Himmel leuchtete sein Stern
   und die ihm folgten, folgten gern.

6. Dem einen gab Franz in die Hand
   viel Gold aus einem reichen Land.
   Der Zweite schenkte etwas später
   Weihrauch als Zeichen aller Beter.

7. »Das Leben ist mal süß, mal bitter;
dies zeigend schenkte dann ein Dritter
die Myrrhe«, sprach Franziskus laut,
»das bittersüße Wunderkraut«.

8. Selbst Ochs und Esel schnitzte er,
die zeigten allen: Gott, der Herr,
schließt niemand aus, nicht Mensch noch Tier,
sie alle sind versammelt hier.

9. Drum Kinder, kommt in raschem Lauf,
wir bauen heut die Krippe auf:
Maria, Josef, Kind und Stall,
kommt her, hier findet ihr sie all'.

Hier spricht der Liedtext für sich, so daß die Einbindung auf der Hand liegt: Gemeinsam mit den Kindern stellen wir Krippenfiguren auf, schmücken vielleicht den Altarraum für den Heiligabend-Gottesdienst, singen zwischendurch die eine oder andere Strophe des Liedes und erkennen so gleich auch manches von der Zeichenhaftigkeit der einzelnen Figuren.
Im Gottesdienst am Heiligabend kann das Lied dann auch noch einmal für all die anderen Kinder gesungen werden, die zum Aufbauen nicht da waren: Wir laden sie mit dem Lied ein, nach vorn zu kommen und lassen sie unsere Figuren bestaunen.

Gelobet seist du, Jesu Christ

Text Str. 1: Medingen um 1380
Str. 2–7: Martin Luther 1524
Melodie: Medingen um 1460
Satz: Siegfried Macht

Der Chorsatz verrät eine Möglichkeit, um zum Choral »Gelobet seist du, Jesu Christ« (EG 23; LJ 30; GL 130) mit Kindern auswendig hinzuzusingen und eine einfache, aber volltönende Mehrstimmigkeit zu erschließen. Während die Erwachsenen von Strophe zu Strophe wechselnde Texte singen, bleiben die Kinder bei der über allem stehenden Aussage der Eingangsstrophe: »Gelobet seist du Jesu Christ.«

Der Heiland ist geboren

Text: Oberösterreich/Glatz (19. Jh.)
Melodie: Innsbruck 1881/1883
Satz: Siegfried Macht

2. Das Kindlein auserkoren,
freu dich, du Christenheit,
das in dem Stall geboren,
hat Himmel und Erd erfreut.
Freut euch von Herzen, ihr Christen all,
kommt her zum Kindlein in dem Stall;
freut euch von Herzen, ihr Christen all,
kommt her zum Kindlein in dem Stall.

3. Die Engel lieblich singen,
freu dich, du Christenheit,
tun gute Botschaft bringen,
verkündigen große Freud!
Freut euch von Herzen, ihr Christen all,
kommt her zum Kindlein in dem Stall;
freut euch von Herzen, ihr Christen all,
kommt her zum Kindlein in dem Stall.

4. Der Gnadenbrunn tut fließen,
freu dich, du Christenheit,
tut alle das Kindlein grüßen,
kommt her zu ihm mit Freud.
Freut euch von Herzen, ihr Christen all,
kommt her zum Kindlein in dem Stall,
freut euch von Herzen, ihr Christen all,
kommt her zum Kindlein in dem Stall.

Gang zur Krippe

Im Altarraum ist eine Krippe aufgebaut. Während die Erwachsenengemeinde das Lied singt, ziehen die Kinder in vier Gruppen (also ein Viertel bei jedem der vier Kehrverse) nacheinander nach vorne zur Krippe. Als erste Gruppe ziehen die Kleinsten …
Vor den Krippenfiguren liegen Decken, Sitzkissen usw., damit die Kinder sich setzen können und den Nachfolgenden oder Zurückgebliebenen nicht den Blick versperren.

Zur Theologie des Krippenganges

Die Prozession zur Krippe ist nicht nur ein »niedliches Beiwerk« für die Kinder. Die nämlich folgen stellvertretend für die ganze Gemeinde dem Liedruf und bekunden damit unseren Aufbruch »vom Stuhl zum Stall«. Hat nicht selbst der menschgewordene Gott in diesem Moment seinen himmlischen Thron eingetauscht gegen die Niedrigkeit und Nachbarschaft von Ochs und Esel?!

Gesang der Kinder

Die typisch alpenländische Dreiklangs-Melodie beinhaltet trotz ihrer Volkstümlichkeit einige Schwierigkeiten, denn die (Saiten-Instrumenten abgelauschte) Melodie hat für die (ungeübte) Kinderstimme einen zu großen Tonumfang (11 Töne) und zu große Tonsprünge (Sexte und Oktave).

Die im Evangelischen Gesangbuch abgedruckte Melodie (EG 49; LJ 48) hat die Form A-A-B-Av. D.h. der erste Teil (A), die Strophe wird wörtlich wiederholt. Nun folgt der Kehrvers mit dem B-Teil, den auch die Kinder leicht nachsingen können. Allerdings schließt der Kehrvers mit einer abschließend variierten Wiederholung des schwierigeren A-Teils (ab Pfeil in den Noten).

Der hier dargebotene Satz bringt daher eine einfache zweite Stimme für die Kinder während der Strophe und transponiert das gesamte Lied (gegenüber der Gesangbuchfassung) um einen Halbton nach unten. So ist es für ungeübte Stimmen singbarer und auch die Begleitung auf der Gitarre kommt mit bedeutend einfacheren Griffen aus. Wer in der Tonart des EG begleiten will, kann bei Beibehaltung der Griffe einfach einen Capodaster auf den ersten Bund seiner Gitarre setzen, die hier der Orgel gegenüber sicherlich das angemessenere Begleitinstrument ist.

Mein Gott, ein kleines Kind

Text und Musik:
Siegfried Macht

Kanon für 3 Stimmen

Percussion-Ostinato

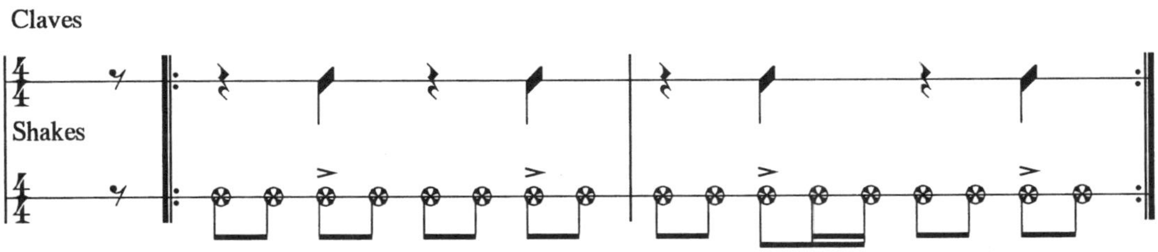

Aus leis wird laut

Die deutlich auf den Zählzeiten 1 und 3 betonende und auf 2 und 4 pausierende Melodie lädt zu rhythmischer Begleitung mit Gegenakzenten ein (s.o.):
Die durchlaufende Klangebene (Maracas) kann mit schnellen gleichmäßigen Schlägen der rechten Hand auf den Oberschenkel vorbereitet werden, die Betonungen (Claves = Klanghölzer) mit Klatschern, die wir aber vorerst so leise ausführen, daß wir nur mit einem, dann zwei Fingern in die offene Hand klatschen.
Nun werden wir von Wiederholung zu Wiederholung mit Gesang und Begleitung lauter und nehmen immer mehr Instrumente hinzu. Anstelle der Maracas (Rumbarasseln) eignen sich besonders gut »Shicken-Shakes« und viele Selbstbauinstrumente (aus gefüllten Behältern, siehe S. 37).

Wenn wir rhythmisch sicher geworden sind, können wir einige besonders raffinierte Klänge einbauen:
»Aus groß wird klein …« – Ping – da plazieren wir eine leise Triangel!
»… aus klein wird groß.« Boing – da hauen wir im wahrsten Sinne des Wortes auf die Pauke. (Vorher haben wir ein Tuch über die Pauke gelegt, sonst müßten wir sie auf »c« oder »g« stimmen.)

Experiment »Himmelreich«

Wenn wir eine Stimmgabel im Raum haben und einen guten Resonanzkörper (eine Gitarre, eine Holzkiste, eine vibrationsfähige Tischplatte, Bank o.ä.), dann können wir das »Experiment Himmelreich« durchführen. Wie das geht? Vielleicht erzähle ich am besten ein Gleichnis, das zwar nicht in der Bibel steht, aber ich glaube, Jesus hätte seine Freude daran:
»Mit dem Himmelreich ist es wie mit einer Stimmgabel. Die nahm einer in die Hand, schlug sie auf seinen Handrücken und – niemand vernahm einen Ton. Dann aber stellte er die Stimmgabel auf einen alten leeren Holzkasten und ein wunderschöner Ton summte durch den ganzen Raum …«
Danach sind wir natürlich alle derartige »Klang-Körper«; singend sind wir der »Resonanz-Boden«, auf den Gottes gutes Wort fällt … (War da nicht noch ein Gleichnis? Vgl. Mk 4, 1–9 und Parallelstellen.)
Mit etwas Geschick können wir nun sogar das Stimmgabelexperiment in unsere Liedbegleitung einbauen: Zu Beginn jedes zweiten Taktes (wenn die Gitarrenbegleitung bei »C« ist) schlagen wir die Stimmgabel an und stellen sie auf Zählzeit »3« (wenn die Gitarrenbegleitung bei »F« ist) auf eine Resonanzfläche: Hört ihr, wie das Himmelreich leise beginnt, wenn sich jemand bewegen läßt?! Wenn die Gitarrenbegleitung bei »g7« angelangt ist, heben wir die Stimmgabel hoch, schlagen sie zum nächsten Akkordwechsel erneut an usw.
Um den himmlischen Klang noch etwas mehr zu verstärken, können wir Glockenspiele hinzunehmen und auf Zählzeit 4 jedes ungeraden Taktes (der Auftakt zählt nicht mit bzw. er ist der Nulltakt) ein »g« spielen, auf Zählzeit 4 jedes geraden Taktes ein »a«.
Mit dem Capodaster auf dem fünften Bund der Gitarre klappt all das auch bei folgenden Griffen: am7 - dm7 - G - C (und von vorn).

Als weitere Lieder, die zu Advent und Weihnachten passen, sind folgende Lieder anderen Themenblöcken in diesem Buch zugeordnet:

— »Ich steh an deiner Krippen hier« (S. 50)
— »Bereitet den Weg des Herrn« (S. 65)
— »Es ist gewißlich an der Zeit« (S. 143)
— »Ich steh in meines Herren Hand« (S. 142)
— »Gib das Licht weiter« (S. 105)

b) JAHRESWECHSEL

Das alte Jahr vergangen ist

Text: Nürnberg 1568
Melodie: Steurlein/Vulpius/Briegel
Kanonsatz: Siegfried Macht

Ein halber Choral als ganzer Kanon

Dieser Kanon zum Jahreswechsel ist wieder das Ergebnis einer Reduktion: Er ist tongetreu die zweite Hälfte des Chorals (EG 59) und in dieser Form als Kanon und seiner eingängigen Überschaubarkeit wegen auch von Kindern singbar.
Da das Metrum des Textes mit dem anderer Kirchenlieder identisch ist, können auch weitere Texte gesungen bzw. dieser Text anderen Melodien unterlegt werden. Verbreitet ist z.B. ein Austausch mit »Ach lieber Herre Jesu Christ« (EG 203).

Intonationskanon

Die Kurzfassung des Chorals kann z.B. in der Text-Fassung EG 59 als Intonationskanon vor dem Choral zur Jahreswende angestimmt werden. So hätten die Kinder in einem Familiengottesdienst ihren Beitrag vor dem komplexeren Gemeindegesang.

Taufe und Segen

Mit der Textunterlegung aus dem Lied »Die Kinder lasset kommen« (EG 203,3) ist der kleine Kanon über seine thematische Verwendung (als Erzähllied von der Kindersegnung) hinaus generell auch als Lied zum Taufakt geeignet. Außerdem im Kinder- und Familiengottesdienst, besonders auch im »Krabbel-Gottesdienst« der Jüngsten, als Segenslied (vgl. S. 79).

Begleit-Ostinati

Metallophone, Ostinato Ia-Id zur Auswahl, II zusätzlich

Kanonversetzter Ostinato

Glockenspiel

Begleit-Ostinati

Mehrere einfache Bausteine für die Begleitung auf Stabspielen und Keyboard können den Noten entnommen werden:
Ostinato Ia beginnt bereits nach drei Tönen (a - g - f) wieder von vorn. Wem dies auf Dauer zu penetrant wird, der wählt Variante Ib und spielt den Ostinato nur jedes zweite Mal wirklich und schlägt, um im Takt zu bleiben, die drei nicht gespielten Noten in die Luft. Oder er wählt Alternative Ic oder Id und ergänzt drei andere Noten: Immer noch ist der Ostinato einfach und übersichtlich, denn die sechs Noten liegen direkt nebeneinander und es geht einfach von rechts nach links abwärts.
Für den etwas schwierigeren *Ostinato II* brauchen wir ein chromatisches (also zweireihiges) Stabspiel (mit parallel verfügbaren Halbtönen) oder weichen auf ein Keyboard aus. Ostinato II kann mit jedem der vorhergenannten Ostinati Ia–d kombiniert werden.

Für die Liedbegleitung bieten sich Kombinationen mit den Varianten Ib–d an, als Zwischenspiel die Gleichzeitigkeit mit Ia, was ab Takt 5 in jedem dritten Takt für interessante Sekundreibungen sorgt, die sich aber sofort wieder auflösen.

Sind genügend verschiedene Stabspiele vorhanden, so lohnt es sich beim Kombinieren der verschiedensten Mehrstimmigkeiten auch mit der Tonhöhe zu experimentieren und die notierten Stimmen entsprechend nach oben und unten zu oktavieren (was beim Wechsel auf ein höheres oder tieferes Stabspiel von selbst geschieht).

Einen kanonartigen Effekt zusätzlich zum Kanon der Singstimmen erzeugt der Ostinato für Glockenspiel (oder Keyboard), der um 2 Takte versetzt die Melodie imitiert. Er sollte nur gelegentlich bzw. abschließend als »Klangkrone« hinzutreten.

c) EPIPHANIE

Jesus Christ, du bist das Licht

Text und Kanon (nach
»O Jesu Christe, wahres Licht«):
Siegfried Macht

Kanon für 2 Stimmen

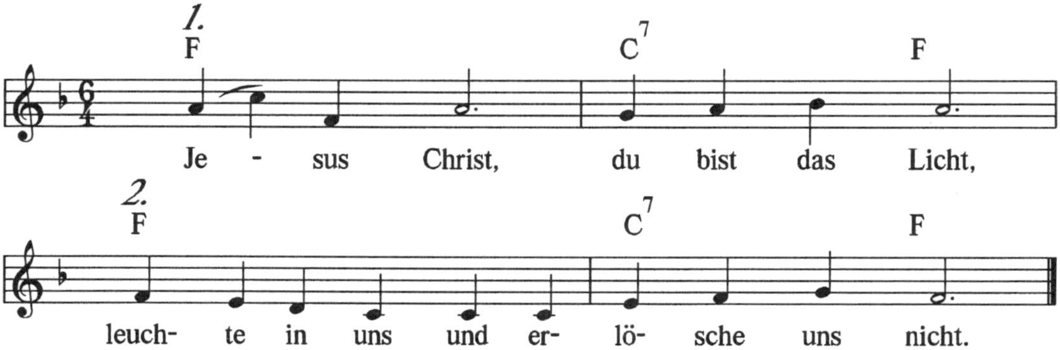

Kreuzzeichen in der Melodie

Die kleine auch als Intonationskanon für das Lied »O Jesu Christe, wahres Licht« (EG 72; GL 643) geeignete Melodie bewahrt das wesentliche Motiv des Chorals: Die Tonfolge a-c-f-a malt ein Kreuz, eine Waagerechte von »a« zu »a«, dazwischen die Senkrechte aus einem hohen und einem sofort folgenden tiefen Ton. Jesu Leiden ist noch unausgesprochen (es handelt sich um ein Epiphaniaslied), aber doch schon unausbleiblich präsent. Erst vom nachösterlichen Glauben der Gemeinde her schließt manche dunkle Textstelle sich auf. Es wird deutlich, daß Christus von Anfang an das Licht der Welt war, womit die zentrale Symbolik des Epiphanias-Festes angesprochen ist: Häufig als der »Morgenstern« besungen, ist Christus das Licht, das die Seinen erleuchtet – Epiphanias ist das Fest, das Christi »Er-Scheinen« in der Welt feiert. Jetzt ist er nicht mehr eingeschlossen in der Krippe, nun soll seine Botschaft in alle Welt weitergetragen werden.

Das Licht weitergeben

Als gestalterische Umsetzung obiger Überlegungen bietet sich das Weitergeben des Kerzenlichtes im Kinderkreis an. So können alle ein Teelicht o.ä. erhalten, eines der Lichter an einer großen Kerze in der Mitte anzünden und dann das Licht zum Singen des Liedes von Kind zu Kind weitergeben.

Je größer die Anzahl der Mitwirkenden ist, desto eher empfiehlt es sich, nach dem »Schneeballprinzip« zu verfahren, so daß jedes Kind

sein Licht weitergibt und die Runde der »Erleuchteten« sich von Mal zu Mal verdoppelt.
Eine etwas schwierigere, aber schöne Variante für ältere Kinder ergibt sich, wenn zwei nacheinander versetzt mit Gesang und Bewegung beginnen, auf andere zugehen, deren Licht anstecken und so beide Reihen, Kanon singend wachsen. Wenn alle Kinder die linke Hand auf die (rechte) Schulter des Vorgängers legen und mit rechts ihre Kerze halten, entsteht nach und nach eine kleine Kerzenprozession. Abschließend schließen beide Reihen zum Kreis und wir lassen das Ganze in einen kleinen Kerzentanz münden: Gemeinsam gehen wir über die Kreisbahn, zur Mitte, zurück und wechseln die Richtung usw.

Dreiklangsmelodik

Spätestens beim unbegleiteten Singen des dritten Tones mit ungeübten Kindern zeigt sich, daß die Melodie doch ein wenig schwerer ist, als wir gedacht haben. Manchmal hilft die Erinnerung an ein identisch beginnendes, vielen Kindern bekanntes Lied: »Alle Leut, (alle Leut, gehn jetzt nach Haus …).«

Ansonsten improvisieren wir wieder mit den Tönen des Dreiklanges auf »F« (»f-a-c«), geben sie zur »freien Bearbeitung« als klingende Stäbe, bzw. um die anderen Stäbe reduzierte Stabspiele in die Gruppe. Wenn wir nun zum Dreiklang hinzusingen, ist alles viel einfacher.

Begleit-Ostinati

Soll die »Stabspielerei« in eine komplette Liedbegleitung ausgeweitet werden, so teilen wir die musizierenden Kinder in zwei Gruppen. Die einen schlagen zweimal (im Tempo der punktierten Halben) auf einen der Stäbe, die anderen anschließend im selben Zeitmaß zweimal auf ein Rhythmusinstrument. So entsteht ein taktweiser Wechsel beider Gruppen, während Gitarre oder Baßinstrument durchgängig »F - F - C - F« ergänzen.

Zwei ausgeschriebene Begleitmöglichkeiten sind den folgenden Ostinati zu entnehmen. Innerhalb der Alternativen I und II sind die Stimmen zum gleichzeitigen Musizieren gedacht. Alle Stimmen beginnen mehr oder weniger kanonartig nach den ersten drei Tönen der Singstimme. Die erste Glockenspielstimme variiert im vierten Ton ihr Echo, die untere Glockenspielstimme in Ostinato II setzt noch etwas später ein, um harmonisch passend ein notengetreues Kanon-Echo der Singstimme zu bringen. Um die Pausen (siehe 1. Glockenspielstimme) zwischen den Echos zu füllen, sind bei den folgenden Glockenspielstimmen »Pausenfüller« notiert, die von geübteren Kindern auch leiser gespielt werden können, so daß innerhalb der Stimme jeweils ein lauter mit einem leisen Baustein wechselt.

Begleit-Ostinato I

Begleit-Ostinato II

d) PASSIONSZEIT

Kann mich jemand leiden?

Text und Musik:
Siegfried Macht

Den hintergründigen Text entdecken

Ein Kinderlied, gerade auch für die Passionszeit: Jemanden wirklich »leiden« können – wer hat das in letzter Konsequenz und im wahrsten Sinne des Wortes unmittelbarer zum Ausdruck gebracht als Christus?

Die Doppelsinnigkeit der Wendung »jemanden leiden können« ermöglicht somit ein Mitwachsen der Deutungsmöglichkeiten vom ersten Verstehen auf der Ebene des Wunsches nach einem, der mich mag bis zur Vergegenwärtigung des stellvertretenden Leidens Jesu am Kreuz. Letzteres wird nicht ungeachtet des jeweiligen kindlichen Entwicklungsstandes als dogmatische Schlußstrophe angehängt, sondern erschließt sich nach und nach.
Lieder sind auf Wiederholung angelegt und somit besonders geeignet, um in verschiedenen Entwicklungsstadien Unterschiedliches zum Aus-

druck zu bringen, gleichzeitig aber Kontinuität zu wahren. Lieder, die sich schon früh aufschließen, aber eben ein Mehr bewahren, und somit nicht mit den Kinderschuhen ausgezogen werden müssen, können helfen, manches an Ganzheitlichkeit über die Pubertät hinwegzuretten und dem »Lernen mit allen Sinnen« in der häufig immer noch viel zu verkopften Erwachsenenwelt seinen Platz zu sichern.

Als weiteres »Passionslied« bietet sich das bereits in Kapitel 5.2 vorgestellte »Korn das in die Erde fällt« an (S. 51).

e) OSTERN

Er ist erstanden

Text: Ulrich S. Leupold 1969
(nach Bernard Kyamanywa 1966)
Melodie: Suaheli-Lied aus Tansania
Chorsatz: Siegfried Macht

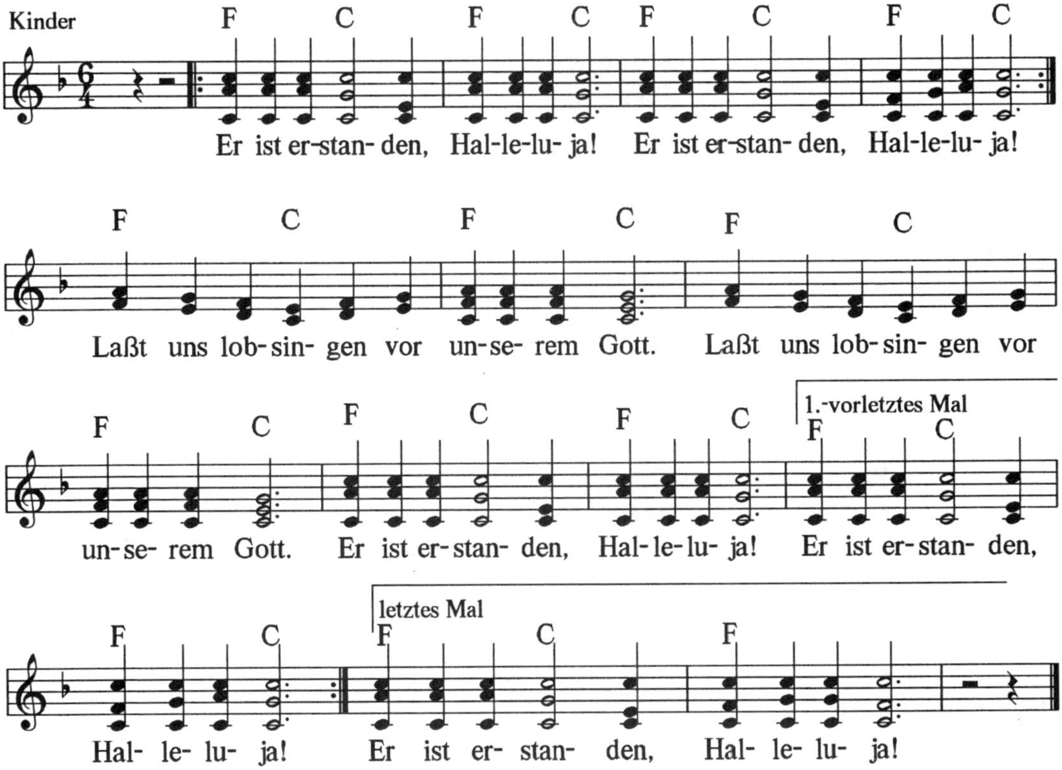

Sich seine Stimme selber suchen

Wer Gottesdienste in Afrika besucht, der wird (bei allen natürlich auch hier zu berücksichtigenden Individualitäten) immer wieder die spontane Mehrstimmigkeit bewundern, die sich scheinbar wie von selbst einstellt. Ein an derartige Erlebnisse erinnernder Satz (hier mit sehr schlichter Stimmführung für einfachste Verhältnisse) ist zu »Er ist erstanden« (EG 116; LJ 88) nach einem Suaheli-Lied aus Tansania entstanden. Hier kann sich jeder seine eigene Stimme bzw. die für seine Kindergruppe mögliche(n) heraussuchen:
Am einfachsten ist während der Strophen die untere Stimme, die ständig auf einem Ton bleibt, den man als Intonationshilfe auch noch mit einem Xylophon stützen kann.

Zu den Kehrversen bietet sich die zweite Stimme an, die jeweils zum Zeilenschluß zur Mittelstimme wird.
Aber Achtung: Das raffinierte an diesem Satz ist, daß er (wie ein Kanon) jeweils um drei Töne versetzt nach der Hauptstimme (siehe EG 116) einsetzt, daher die drei Viertelpausen am Anfang.
Also üben wir am besten erst einmal den Chorsatz (ein- oder mehrstimmig) für sich und erst später das Hinzutreten des Solos (nach dem Gesangbuch).
Im Familiengottesdienst können die Erwachsenen mit der Gesangbuchmelodie beginnen und wir fädeln uns mit den Kindern drei Töne später ein: Da wir den zu allen Strophen passenden Liedtext beibehalten, können die Kinder problemlos auswendig singen.

Instrumentalbegleitung

Stabspiele (insbesondere Xylophone) lassen sich aufgrund des ständigen gleichmäßigen Wechsels (Ostinato) von nur zwei Tönen (bzw. Dreiklängen) hervorragend einbinden. Je tiefer das Instrument ist, desto seltener sollte es geschlagen werden. Also z.B. die ganz tiefen Stäbe nur auf Zählzeit 1 und 4, die mittleren auf 1, 3, 4 und 6 und die hohen durchgängig.
Percussionsinstrumente wie z.B. alle leiseren Schüttelinstrumente (Selbstbauklangkörper mit verschiedensten Füllungen, siehe S. 37) spielen ebenfalls durchgängig im Tempo der Viertelnote, betonen aber Zählzeit 4. Lautere Instrumente (Claves = Klanghölzer) spielen nur Zählzeit 4 mit. Tuchgedämpfte Pauken oder tiefe, dumpfe Trommeln werden nur auf Zählzeit 1 geschlagen.

Wer wälzt vom Grab den Stein?

Text und Musik
(nach Dirk Raphaelszoon
Camphuysen 1624):
Siegfried Macht

Österliches Kinderspiel

Gerade die Osterzeit ist voller Querverbindungen zu letztendlich religiös motivierten Kinderspielen, von denen einige gerade im sonst so leibfeindlichen Mittelalter bis in die Liturgie der Osterfeier vorgedrungen sind. Da gab es z.B. den Wettlauf des Johannes mit Petrus, eine sportlich-spielerische Einlage vor der Predigt (vgl. das Rennen der beiden Jünger zum Grab im Johannesevangelium, Kapitel 20, Vers 3ff).
Und was ist das »Fangen spielen« anderes als das große Lebensspiel selbst, bei dem wir hintereinander und hinter den Dingen herjagen, gehetzt von dem, was die Tradition »Sünde« nennt, letztendlich aber in der Hoffnung, uns am »Holz« freischlagen zu können. Hinter diesem Holz steht das Kreuz dessen, der unserem »Kriegen« den »Frieden« gebracht hat.

In dieser Tradition möchte ich ein neues liturgisches Spiel initiieren: Das Rollen des Steins vom Grab, das Weiterrollen des Steins, den der Himmel selbst in Bewegung gesetzt hat.
Dazu nehmen wir einen großen Kieselstein, vielleicht einen, mit dessen Hilfe wir einmal die Geschichte von Kain und Abel erzählt haben.

Diesen Stein wickeln wir in Papier; in Zeitungspapier vielleicht, auf dessen Seiten die älteren Kinder Geschichten lesen könnten wie die von Kain und Abel.
Nun kleistern wir die Papierhülle ein und verstärken sie Schicht für Schicht mit neuen »Schlagzeilen«. Wollen wir schneller auf die Größe eines stattlichen Felsens kommen, so müssen wir ab und zu etwas gröber zusammengeknülltes Papier mit einwickeln, Pappmaschee einbeziehen usw.
So wächst unser Stein nach und nach, schwarz auf weiß läßt sich vielleicht noch die eine oder andere Seite entziffern, die allerlei Vergebungswürdiges zusammenträgt und auch zu dem Felsen beiträgt, der den Grund unserer Hoffnung vorerst verschlossen hält.
Wer will, kann seinen Felsen über das ganze (Kirchen-)Jahr wachsen lassen, bis er im Ostergottesdienst zum Gesang der Kinder (siehe obiges Lied) durch die ganze Kirche gerollt wird: Was Gott selbst ins Rollen gebracht hat, setzt nun auch uns in Bewegung. Von der Osterhoffnung getragen, können wir Berge versetzen und Felsen kullern.

Mehr oder weniger fließend kann im Ostergottesdienst nun von den Erwachsenen das Lied »Der schöne Ostertag« (EG 117) angestimmt werden.

(Anschließend heben wir den Felsen im Kirchenkeller auf, lassen ihn bis zum nächsten Jahr noch etwas wachsen und bekommen ihn trotzdem immer wieder in Gang.)

Gib das Licht weiter

Text und Musik:
Siegfried Macht

Instrumentalbegleitung

Um den Wechsel vom »F« zum »C« und wieder zurück für die z.B. auf Stabspielen begleitenden Kinder einprägsam anzusagen, empfiehlt es sich, Namen mitzusprechen, deren Anfangsbuchstaben dem jeweiligen Ton entsprechen (vgl. S. 22) und deren Silbenzahl dem Takt entspricht:

> ***F***er-di-nand / ***F***er-di-nand / ***F***er-di-nand / ***C***ä-sar und /
> ***C***ä-sar und / ***C***ä-sar und / ***C***ä-sar und / ***F***er-di-nand.

Ebenso ist es hilfreich, die Symmetrie in der Phrasierung durchschaubar zu machen: Auf 3 x »F« folgt 1 x »C« und dann umgekehrt genau so zurück: Auf 3 x »C« folgt 1 x »F«.

Kerzentanz

Mit dem Singen des kleinen Liedes lassen sich die verschiedensten Kerzentänze und Bewegungsspiele verbinden. Am einfachsten ist zum Beispiel folgender alter Brauch nachzuvollziehen:
Die Kinder stehen oder sitzen im Raum verteilt. Eines beginnt nun und entzündet seine Kerze an der **Osterkerze**. Dann geht es auf ein anderes Kind zu und zündet dessen Kerze an. Jetzt gehen beide weiter und entsprechend verdoppelt sich von Strophe zu Strophe die Anzahl der brennenden Kerzen.
In der **Adventszeit** kann man entsprechend auch gleich, zwei, drei oder vier Kinder am Adventskranz beginnen lassen, je nachdem in welcher Vorweihnachtswoche wir uns befinden. Das weiterzugebende Licht kann aus tropffreien Kerzen bestehen, die durch ein entsprechend großes Loch in einem (evtl. hübsch beklebten) Bierdeckel geführt sind, so kann den Händen ganz sicher nichts passieren. Noch sicherer, aber schlechter von Licht zu Licht anzuzünden sind Teelichter, die in kleinen Schalen oder auf hübschen Untertassen gehalten werden.

f) PFINGSTEN

Unsre Kirche hat Geburtstag

Text und Musik: Siegfried Macht

Kanon für 2 Stimmen

»Pfingsten als *Geburtstag der Kirche*« ist eine gute Möglichkeit auch jüngeren Kindern die sonst schwer zu elementarisierende Pfingstbotschaft verständlich zu machen.

Kinder kennen Kerzen als Zeichenträger von ihren eigenen Geburtstagen, so daß sich eine kleine *Kerzenprozession* zu diesem Kanon anbietet:

— Die Gemeinde singt einstimmig, die Kinder erheben sich und kommen in den Altarraum. Dort erhalten sie Teelichter oder andere vorbereitete, für Kinderhände ungefährliche Kerzen.
— Sie entzünden ihre Kerzen an einer besonderen Kerze, die der Geistliche hält. (Sie lassen sich quasi »anstecken« vom Pfingstgeist!)
— Die Kinder bringen das Pfingstlicht zu ihren Angehörigen.
— Sobald die Kinder nach und nach zurückgehen, kann durch Handzeichen des Kirchenmusikers, Einsatz des Chors o.ä. die kleine Melodie in ihre Mehrstimmigkeit überführt werden.

Die *Zweistimmigkeit eines Kanons* ist darüber hinaus gut geeignet, etwas von der Stimmenvielfalt des ausgegossenen Pfingstgeistes zu verdeutlichen: Vielfalt muß nicht Chaos herbeiführen, Harmonie stellt sich gerade zwischen verschiedenen, aber eben aufeinander bezogenen Elementen ein. So soll es auch in Gemeinde und Schule sein: Viele verschiedene Gaben können zu einem großen Ganzen zusammenwachsen.

g) ERNTEDANK

Solang die Erde steht

Text: 1. Mose 8, 22
Musik: Siegfried Macht

Kanon für 2 Stimmen

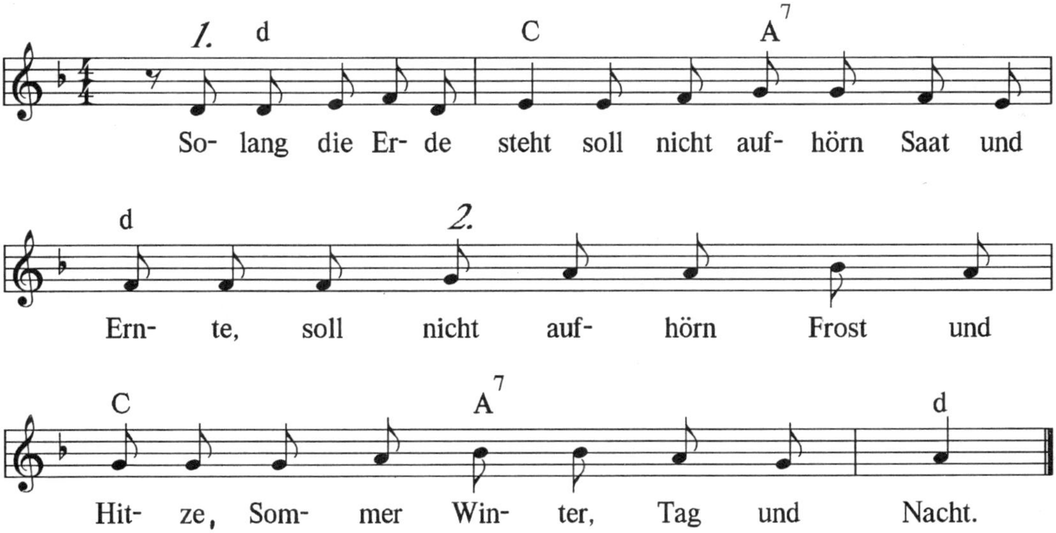

Gitarren-Begleitung

Noahs Erntetanz

Ausgangsstellung im Kreis mit Blick zur Mitte. (Mit älteren Kindern kann auch im Kanon getanzt und gesungen werden, dann stehen zwei Kreise ineinander, schauen sich an und setzen nacheinander ein.)

Hände auf den Schultern der Nachbarn oder locker herabhängend gefaßt.
Die Ziffern in ( ) geben die Zählzeiten an; die Schrittfolge geht über 1 1/2 Takte und wird ständig wiederholt. Das Tempo wird allmählich gesteigert, der Hüpfer nicht allzu hoch ausgeführt. Der Tanz beginnt mit der zweiten Note des Liedes:

(1) Linken Fuß links seitwärts stellen und belasten
(2) rechten Fuß hinter den linken kreuzen und belasten
(3) linken Fuß links seitwärts stellen und belasten
(4) links einmal aufhüpfen, gleichzeitig rechten Fuß vorschwingen und leicht nach links überkreuzen
(5) rechten Fuß rechts seitwärts stellen und belasten
(6) rechts einmal aufhüpfen und linken Fuß rechts vorkreuzen

Auch eine kleine Erntetanzmusikkapelle ist schnell zusammengestellt, z.B. mit der folgenden Besetzung:
Eine C-Blockflöte spielt die Melodie mit, eine Gitarre begleitet und selbst kleinere Kinder können harmonisch (von Rhythmusinstrumenten ganz zu schweigen) mitspielen, wenn Stabspiele vorhanden sind: Die ständige Wiederholung der Töne d - C - A - d (parallel zu den Begleitakkorden der Gitarre) gibt eine einfache Begleitung für Glockenspiel, Metallophon und besonders für Xylophone in möglichst tiefer Lage.

Erzählvorschlag im Rahmen der Noah-Geschichte

Wie Noah und die Tiere das Tanzen lernen

Als Noah, seine Familie und all die vielen Tiere aus der Arche kommen, beginnen sie natürlich erst einmal alle zu hopsen und zu hüpfen – kein Wunder: Wenn man so lange auf engstem Raum zusammen gesessen hat, dann muß man sich bewegen.
Nur leider ist die Erde noch ziemlich feucht und in dem schlammigen Boden sinkt man hin und wieder schon einmal etwas tiefer ein und muß sich anschließend das Wasser aus den Schuhen oder dem Fell schütteln. Schließlich aber stehen sie alle im Kreis um die Arche und tanzen einen Freudentanz und singen dazu, was Gott ihnen versprochen hat:

Gemeinsam singen: »Solang die Erde steht«.

Was das für ein Tanz war, wollt ihr wissen? In vielen Ländern tanzt man ihn heute noch – und wenn ihr genau hinschaut, dann spürt ihr beim Tanzen noch, wo die Stellen sind, an denen sie damals eingesunken sind in den Schlamm und wie sie das Wasser aus den Schuhen geschüttelt haben, erst aus dem rechten und dann aus dem linken:

Gemeinsam (singen und) tanzen: »Solang die Erde steht«.

7.2 Lieder zu Themen der Bibel

Die Bibel selbst ist eine Sammlung unterschiedlichster Textformen. Sie enthält erzählende Gattungen ebenso wie Gebete, Liedtexte, Briefe, und sie weiß vom Singen und Tanzen auf vielfältigste Weise zu berichten, wo sich der Mensch von Bewegendem wirklich bewegen läßt. Dem leibhaftigen Erzählen dieser Tradition wollen die folgenden Lieder und Impulse zum Weiterklingen verhelfen.

a) LIEDER ZUM ALTEN TESTAMENT

Ich glaube, daß Gott mich geschaffen hat

Text: Martin Luther
Musik: Siegfried Macht

Kanon für 3 Stimmen

Zum Text

Der Liedtext aus Luthers Kleinem Katechismus (Erklärung zum 1. Artikel des Apostolischen Glaubensbekenntnisses) nimmt Albert Schweizers berühmten Ausspruch »Ich bin Leben, das Leben will, inmitten von Leben, das Leben will« in gewissem Sinne vorweg: Nicht nur, daß Luther Schöpfung hier ganz direkt auf sich bezieht, er weiß sich auch eingebunden in den ökologischen Gesamthaushalt Gottes. Und wer im priesterschriftlichen Schöpfungshymnus auf der ersten Seite der Bibel (1. Mose 1–2,4ff) nachliest, der findet es auch dort bestätigt: Der Mensch ist keineswegs die »Krone der Schöpfung« (das ist der Feiertag!), der Mensch ist vielmehr am sechsten Tag gemeinsam mit allen Landtieren geschaffen worden – ein wenig mehr Demut gegenüber den Mitgeschöpfen täte ihm da schon gut … Und ein wenig mehr Freude am Schöpfer auch – das schließt sich durchaus nicht aus, wie ein Blick auf den Text des Reformators beweisen kann.

Zeichnen, Malen, Collagieren

Dem folgend bietet es sich an, den Menschen nun auch bildlich mit der Vielzahl seiner Mitgeschöpfe vor Augen zu führen und den Kindern Gelegenheit zum Anfertigen entsprechender Bilder und/oder Collagen zu geben (evtl. rechtzeitig mit dem Sammeln von Illustrierten o.ä. beginnen).

Anschließend stellen wir unsere Bilder einander vor. Nach jeder Bildvorstellung leitet der Kanon wie ein Refrain zum nächsten Bild über.

Vielleicht können wir unsere Bilder auch als Wandzeitung (mit dem Kanontext als Überschrift) aufhängen.

Orgelpunkt nach Begleit-Ostinati

Wenn auch die ganz Kleinen (»zusammen mit allem was lebt«) in der Liedbegleitung über die fast immer passenden Rhythmus- bzw. Percussionsinstrumente (vgl. Kapitel 4.1, 4.2 und 4.4) hinaus mitspielen wollen, dann können wir ihnen hier einige Einzelstäbe »G« zuordnen: Das »G« (in mittlerer und hoher Lage) paßt während des ganzen Liedes hinzu (= »Orgelpunkt«).
Die etwas Älteren können einen der folgenden Ostinati mitspielen, die alle auch auf einem Baßinstrument erklingen dürfen: Variante I bringt jeweils den Grundton des Gitarrenakkordes, was nach kurzer Zeit aber monoton klingt und an Fließbandarbeit erinnert. Reizvoller ist es, jedes zweite »G« nur in der Luft (über dem G-Stab) zu schlagen und die Begleitung so zu »phrasieren«, ihr mit Pausen Luft zum Atmen zu geben (vgl. Variante II).
Variante III bringt dann eine noch markanter geprägte Begleitung, die wir auf der Gitarre unterstützen können, indem wir statt jedem zweiten G-Dur-Akkord a-Moll spielen.

Begleit-Ostinati

für Stabspiele und/oder Bass, Varianten I-III alternativ:

Geh aus, mein Herz – So schön hat Gott

Choraltext: Paul Gerhardt (1653)
Melodie: August Harder (vor 1813)
Melodie und Text 2: Siegfried Macht

Begleitung 1

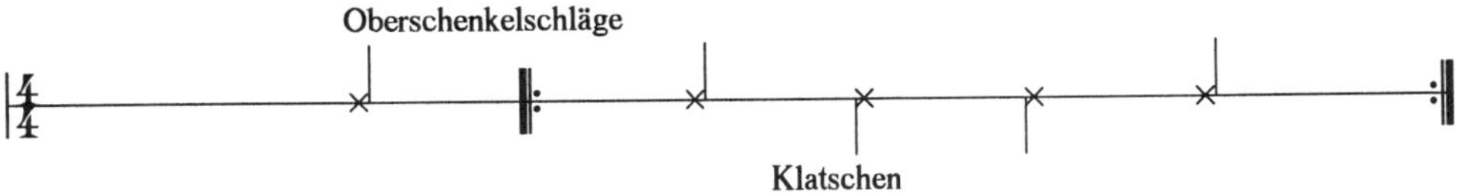

Begleitung 2: Wo EIN Ton nicht mehr reicht

Schön schwer

Die Melodie von August Harder zu »Geh aus mein Herz« (EG 503; LJ 294) darf bei all ihrer Volkstümlichkeit nicht darüber hinwegtäuschen, daß sie für jüngere Kinder kaum geeignet ist. So liebenswert die fröhliche Melodik ist, so schwierig gestalten sich für Kinder die Länge von Text und Melodie, die Modulation (Tonartwechsel: »f« und »fis« in *einer* Melodie) und die Septsprünge von Takt 6 auf 7 und Takt 8 auf 9. Letztere ließen sich für die Kinderstimme mildern, indem statt des tiefen ein hohes »g« gesungen wird, was die Melodik glättet und den Stimmumfang schon um drei Töne verringert.

Echo-Rhythmus

Als rhythmische Vorübung für die folgenden Instrumentalbegleitungen eignet sich ein auf zwei Kindergruppen verteiltes jeweils zweimaliges Klatschen. Schöner ist es, wenn beide Klatscher unterschiedlich klingen, oder die erste Gruppe nicht klatscht, sondern mit den flachen Händen auf die Oberschenkel schlägt. Diese Verteilung kann dann auch von allen gemeinsam ausgeführt werden, was sogar noch einfacher ist, als die Aufteilung auf zwei Gruppen (Begleitung 1).

Eintonbegleitung als Gehörübung

Nun wird statt des Oberschenkelschlags (bzw. Gruppe 1) zweimal der Ton »g« auf Stabspielen angeschlagen (Ostinato), das Klatschen (Gruppe 2) bleibt bestehen oder wird, zumindest von einigen Kindern, auf Rhythmusinstrumente (Klanghölzer, Triangel oder Handtrommel) übertragen.
Der Rhythmus füllt dabei leise die Pause zwischen den Stabspielschlägen, die sollen als kleine Gehörübung im Vordergrund stehen: Die Gruppenleitung und eventuell die älteren Kinder singen dazu »Geh aus mein Herz«, und alle sollen herausfinden, an welcher Stelle der Ton nicht paßt.
Dort (Auftakt zu Takt 6) weichen wir auf zwei Schläge »d« aus und kehren dann zum »g« zurück, sensible Ohren werden (bei hinzukommender Akkordbegleitung) im vorletzten Takt noch auf »f« ausweichen – ansonsten kommen wir mit einem Ton (»g«) durchs ganze Lied (Begleitung 2).

Rufe als einfache Zweistimmigkeit

Dem folgend kann die einfachste sängerische Einbeziehung der Kleinen ein echoartiges und mehr oder weniger dauerhaft durchgehaltenes Anstimmen zwei- oder viersilbiger Rufe sein, die sich wie eine zweite Stimme der Melodie unterlegen lassen.
Experimentierfreudige Gruppen können daraufhin einmal sämtliche Strophentexte des Liedes durchsehen und Textunterlegungen ausfindig

machen bzw. selbst basteln, die ihnen besonders gefallen oder dem jeweiligen Anlaß gerecht werden (siehe Beispiele für Textunterlegungen in Begleitung 2, Seite 113 unten).
Die Wechsel auf andere Töne könnten durch Rhythmusinstrumente (Triangel) in den vorangehenden Pausen angezeigt oder auch nur von Stabspielen (Glockenspiel) übernommen werden.

Ein selbständiges Kinderlied

Das Lied »So schön hat Gott die Welt gemacht«, das bereits im Notensatz von »Geh aus mein Herz« eingefügt ist, kann auf verschiedenste Art und Weise vorbereitet, eingeführt, zusammengesetzt und abschließend als Quodlibet gesungen werden.
Das »Halleluja« als klingendes Lob Gottes hat von alters her seinen Platz in der christlichen Liturgie. Die letzten vier Takte des Kinderliedes können also schon vorweg als selbständiges Gotteslob ihren Platz finden.
Dazu bietet sich die echoartige Wiederholung der ersten beiden »Hallelu«-Rufe durch ein Glockenspiel an, die folgende Melodie kann auf Xylophonen mitgespielt werden. Am einfachsten geht dies unter Mißachtung des Tonsprunges vom »d« zum »c«, hier spielen wir einfach eine (»mixolydische«) Tonleiter abwärts, die letzten vier Töne also eine Oktave tiefer.

Ebenso kann die erste Hälfte des Liedes für sich selbst stehend vorweggenommen werden: »So schön hat Gott die Welt gemacht, gib Acht, gib Acht.« So weit singen alle, dann singt oder liest jemand eine Strophe von »Geh aus, mein Herz« oder wir schauen uns Bilder an und/oder erzählen, worüber wir uns besonders freuen. Nun folgt wieder die kleine Melodie (»So schön hat Gott …«) eventuell wie ein Refrain zwischen verschiedensten gesprochenen, gesungenen oder schauenden Konkretionen zur Schönheit der Schöpfung.
Später läßt sich die Melodie ausweiten und unser Refrain endet nun mit »… so schön und bunt, so weit und rund, für Groß und Klein«. Dieser Teil ist durch unser obiges Begleiten schon gut vorbereitet und kann als einfache Fortführung unseres Wechsels von »g« und »d« schnell auf ein Stabspiel (Metallophon) übertragen werden.

Anschließend können wir beide Teile zusammenfügen, das Halleluja (das wir in den Wochen vorher gesungen haben) und das Lied von der Schöpfung (»So schön hat Gott …«).
Noch später (z. B. im Familiengottesdienst) können wir dann unser Kinderlied mit den Kleinen singen, wenn die Großen »Geh aus mein Herz« anstimmen, und das Ergebnis ist ein wohlklingender zweistimmiger Satz.

Zum Text

Hin und wieder wurde der Text von Paul Gerhardt als zu idyllisch für die heutige Zeit abgetan. Ich möchte dem nachdrücklich widersprechen und zwar aus zweierlei Gründen:
Zum einen war die Zeit Paul Gerhardts (Dreißigjähriger Krieg!) sicher nicht das »Paradies auf Erden«, so daß der Autor (wie auch viele biblische Verfasser) Gottes Schöpfung in all ihrer Schönheit, gerade angesichts der menschgewirkten Schrecklichkeiten, zu loben weiß und es damit sicher nicht leichter hatte als wir.
Zum anderen ist dieses »Dennoch« des Gotteslobes eben kein Schritt in die idyllisch verklärende Apathie. Es ist ein »ora et labora«, ein Aufruf zu beten *und* zu arbeiten, zu singen *und* zu handeln. Nur wer die Schönheit noch sehen kann, weiß, was verloren gehen könnte. Nur wer fähig ist zu Lob und Dank, hat auch Kraft zu klagen.
In diesem Sinne versteht sich das »Gib Acht« des Kinderliedes gleichermaßen als Achtsamkeitsübung wie als Handlungsimpuls. Vor weitergehenden und allzu modernistischen, einseitigen Neutextierungen des Choraltextes im Sinne einer Aufzählung von Klagegründen möchte ich abraten, zumindest sollten sie den Grund zur Freude nicht überdecken. Auch hier gilt: »Alles Tun unter dem Himmel hat seine Zeit … weinen *und* lachen, klagen *und* tanzen …« (Prediger 3, 1ff).

Weil du fest auf Gott gezählt

Text und Musik:
Siegfried Macht

Spiellied von Abraham und dem Engel Gottes

Wie erscheint Gott?

Bei genauerem Lesen der Abraham-Erzählungen fällt auf, daß Gott sich Abraham auf verschiedenste Art und Weise zu verstehen gibt: Er spricht ihn direkt an (1. Mose 12, 1), in Traum und Vision (1. Mose 15, 1) oder durch »seinen« Engel (1. Mose 22, 11), er »erscheint« ihm (1. Mose 12,7) ohne nähere Beschreibung, dann wieder so, daß sich die Erscheinung des »Herrn« (1. Mose 18, 1) plötzlich in »drei Männern« (1. Mose 18, 2) konkretisiert. Die bleiben im folgenden recht transparent: Sind es nun drei Männer oder drei Engel oder zwei Engel in Begleitung Gottes (was 1. Mose 18, 22 in Verbindung mit 19,1 vermuten lassen)? Selbst wenn man hier vom Ineinander verschiedener Überlieferungsstücke ausgeht, bleibt doch die Frage, was sich die biblische »Endredaktion« dabei gedacht hat, all dies nicht etwa zu »glätten«. Möglicherweise soll hier geheimnisvoll bleiben, was anders nicht zu umschreiben ist: Wohl erscheint uns der Bote Gottes oft in Menschengestalt – aber festlegen läßt sich der Schöpfer darauf nicht (vgl. auch Mt 25,14 und Hebr 13,2).

Vor diesem Hintergrund muß auch die abschließende Antwort des Spielliedes zwangsläufig unbefriedigend bleiben: Ein Engel ist gekommen? *Drei* Engel sind gekommen? Drei *Männer* sind gekommen? Gott selber ist gekommen? Alles ist richtig und singbar: Unser Wissen ist ein Mosaik. Gott läßt sich nicht von unserer begrenzten Vorstellung gefangennehmen. Wegen der Gefahr solch einseitiger Festlegung samt anschließender Anbetung des eigenen Lieblingsbildes kannte Israel das Verbot, sich (von Gott) ein »Bildnis« zu machen.
Über das »Aussehen« Gottes könnte uns also wohl selbst Abraham nichts Eindeutiges berichten, vom »Wesen« Gottes hingegen um so mehr: Denn daß Gott nicht nur zum einen oder anderen Aufbruch ruft, sondern selbst mitzieht, das ist die zentrale Erfahrung Abrahams.

Das Spiel

Die Kinder stehen in zwei konzentrischen Kreisen mit Blick zueinander; der Innenkreis ist der »Kreis Abrahams«, der etwas zahlenstärkere Außenkreis der »Kreis Gottes«. Schon vor der Aufstellung haben die Kinder des Außenkreises von den anderen unbeobachtet einen von sich als Engel bestimmt und der hat einen aus dem Innenkreis als Abraham gewählt.
Nun fassen sich die Kinder in ihrem jeweiligen Kreis an den Händen und beginnen in der nachfolgend angegebenen Weise zu tanzen (oder gehen einfach beide linksherum im Kreis). Der Außenkreis gibt währenddessen dem Abraham im Innenkreis durch Blicke zu verstehen, daß er der Erwählte ist. Sobald dieser sich angesprochen fühlt, löst er die Fassung zu seinen Nachbarn (die Lücke bleibt offen) und tritt in die Mitte. Fühlen sich mehrere gemeint, fassen sie sich in der Mitte als kleine Reihe bei der Hand und tanzen so lange weiter, bis Klarheit herrscht: Abraham bleibt in der Mitte und schließt die Augen, die anderen treten in den Innenkreis zurück.
Nun hebt der Innenkreis die Hände zu Torbögen, und der Engel Gottes tritt auf Abraham (der die Augen geschlossen hält) zu, nimmt ihn bei der Hand und führt ihn an eine neue Stelle im Innenkreis; das heißt, er stellt ihn unter einen Torbogen und tritt selbst zurück in den Außenkreis. Sobald dieses Mal die Spielliedstrophe zu Ende ist, wird das Singen unterbrochen, und »Abraham« muß raten, wer sein »Engel« war. (Was einfach ist, wenn der Engel nicht in seine Lücke zurückgegangen ist und Abraham sich die Startaufstellung des Außenkreises gut gemerkt hat!) Rät er richtig, tauscht er mit dem Engel seinen Platz und bespricht kurz mit den anderen Kindern aus dem Außenkreis, wer der neue Abraham sein soll. (Es darf aber nicht das gerade in den Innenkreis gewechselte Kind sein, man sollte ohnehin so spielen, daß alle einmal in die »Hauptrollen« kommen.) Rät er nicht richtig, bestimmt der Außenkreis einen neuen Engel und der einen neuen Abraham.

Sollten die Kinder der Meinung sein, Abraham schummelt und blinzelt, kann natürlich der Spielleiter von Anfang an mit einem Tuch in der Mitte stehen und Abraham die Augen verbinden. Andererseits ist die Figur des Abraham so etwas wie ein Inbegriff für Vertrauen.

Die Schrittfolge

Außenkreis:

A-Teil
8 Schritte auf der Kreisbahn rechts herum
(Schnell = Viertelnote)
1 Schritt zur Kreismitte und zurück
(Langsam = Halbe Note auf »Abraham«)
8 Schritte auf der Kreisbahn links herum
1 Schritt zur Kreismitte und zurück
(rechts vor, links ran, links zurück und je nach gewähltem Anschlußschritt evtl. rechts auch noch zurückstellen, damit links für das Vorkreuzen beim im B-Teil folgenden Mayim-Schritt Platz ist).

B-Teil
4 Mayim-Schritte oder ähnliche bewegtere/hüpfende Schrittfolge gegen den Uhrzeiger, die letzten beiden Einzelschritte als Schlußsprünge.
4 Mayim-Schritte oder ähnliche Schrittfolge im Uhrzeigersinn.

Jeder Mayim-Schritt (aus der israelischen Folklore) besteht aus vier Einzelschritten. Meist wird im Uhrzeigersinn getanzt, dabei wird
— der rechte Fuß vor dem linken gekreuzt aufgesetzt,
— der linke seitwärts nach links gestellt, so daß wir wieder normal und ungekreuzt stehen,
— der rechte Fuß hinter dem linken gekreuzt aufgesetzt,
— der linke seitwärts nach links gestellt (siehe oben).

In unserem B-Teil beginnen wir mit der Variante in der Gegenrichtung: Der linke Fuß kreuzt vor dem rechten (rechts seitstellen, links hinterkreuzen, rechts seitstellen).

Innenkreis:

A-Teil (Hände zu Torbögen erhoben)
8 kleine(!) Seitstellschritte rechts herum
(was zur Gegenbewegung der beiden Kreise führt).
2 Schritte rückwärts, den zweiten als Ranstellschritt
(beide entsprechend zur Bewegung des Außenkreises langsamer als die 8 vorangegangenen Schritte. Der Ranstellschritt, anstelle eines analog zur Außenkreisbewegung erwarteten Schrittes nach vorn, ermöglicht die Fortsetzung noch einmal mit links).
8 kleine Seitstellschritte links herum
(linker Fuß beginnt, kommt also zweimal hintereinander).
2 Schritte rückwärts (den zweiten als Ranstellschritt).

B-TEIL (Hände herunterhängend)
Rechts seit, links ran, links seit, rechts ran
(bis zum Liedende wiederholen und leicht stampfend).

Weitere Hinweise zum Tanzspiel:

Beide Kreise stehen anfangs in relativ weiter V-Fassung (durchgefaßte herunterhängende Hände). Der Innenkreis wird durch die beiden Rückwärtsschritte etwas enger, was er durch leichtes Drängen nach außen im B-Teil wieder ausgleicht. Wenn der Engel zu seinem Abraham in den Kreis geht, tut er dies am besten durch die Lücke, die dieser hinterlassen hat, denn im B-Teil bewegt sich der Innenkreis ja kaum von der Stelle.

Jo-Jo, Josef

Text und Musik:
Siegfried Macht

Zwischenspiel

Karawanenmelodie für Flöte oder chromatisches Xylophon

Jo-Jo, Josef,
was fiel im Traum dir ein?
Jo-Jo, Josef,
du willst wohl König sein?

Jo-Jo, Josef,
fällst du auch in ein Loch,
Jo-Jo, Josef,
nach oben kommst du doch.

Jo-Jo, Josef
verkauft ins fremde Land …
Jo-Jo, Josef:
fällst nie aus Gottes Hand.

Jo-Jo, Josef,
mußt ins Gefängnis gehn.
Jo-Jo, Josef,
wer betrügte wen?

Jo-Jo, Josef,
was andre träumend sehn,
Jo-Jo, Josef,
das läßt dich Gott verstehn.

Jo-Jo, Josef,
Gott führt dich aus der Not,
Jo-Jo, Josef,
gibt allen durch dich Brot.

Jo-Jo, Josef,
was andre bös' gedacht,
Jo-Jo, Josef,
hat Gott doch gut gemacht.

Eigene Strophen dichten

Die einfache, zweizeilige Struktur der Strophen lädt dazu ein, die gesamte Josefserzählung bzw. die am jeweiligen Sonntag behandelten Passagen in Verse zu kleiden.

Wenn wir nur einige der Strophen und ein paar Reimworte vorgeben, können die älteren Kinder ihre Strophen selber dichten:

Kleid – Neid / Streit
Traum – kaum / Schaum / Raum
Gebet – seht / versteht / (weiter)geht / (zu dir) steht
Pharao – oho / Show
(Becher im) Sack – Lumpenpack / auf Zack

Die Strophen als Rätsel

Die Kürze der Strophen bringt es mit sich, daß manches nur angerissen werden kann. So werden die kleinen Vierzeiler oft unversehens zum Rätsel:

»Was fiel im Traum dir ein?«
»Wer betrügte wen?«

Über das Sprachspielerische hinaus, sind das ja echte Fragen ... Wer weiß die Antwort?

Das Jojo als Zeichen

Durch Verkürzung und Doppelung erhält Josef im Liedtext einen interessanten Spitznamen: Jo-Jo. Dem sollten wir gemeinsam mit den Kindern ein wenig nachgehen: »Wer weiß, was ein Jojo ist? Kann jemand zum nächsten Mal sein Jojo mitbringen? Zeig mal, wie das geht – was kann man damit anfangen? Und was hat das alles mit Josef zu tun? Das steht in der dritten Strophe: Beide können ganz tief fallen und kommen doch immer wieder hoch, weil sie einer fest in der Hand hält ...

Der Herr, mein Hirte

Text (nach Psalm 23) und
Musik: Siegfried Macht

A-Teil
Du deckst vor mir im Angesicht
der Feinde einen Tisch,
du lädst mich ein, ich bin dein Gast,
du reichst mir Wein und Fisch.

B-Teil
Ich werde heißen »Der die Güte
seines Gottes immer sah«,
und werde bleiben, Herr, in deinem
Hause immerdar.

Gott und sich einen Namen geben

Der Liedtext gibt Gott und dem Sänger Namen. Dem spüren die Kinder gerne nach, sie kennen das z.B. aus Indianerbüchern und -filmen: Namen, die etwas aussagen: »Der die Güte seines Gottes immer sah« und für Gott (in Anlehnung an die alttestamentliche Selbstoffenbarung Gottes als »Jahwe«) »Ich bin bei dir«.
Anschließend können wir weitere (»Indianer-«)Namen für Gott oder Jesus suchen: »Helfende Hand«, »Gutes Wort« …
Welche Namen könnte sich der Psalmist noch geben: »Der durch das finstere Tal kam« oder »Der Beschützte«, »Der nicht allein ist« oder »Der Trost fand« vielleicht. Und wer von den Kindern weiß, was sein eigener Name bedeutet …?

Sammle meine Tränen

Text: Psalm 56, 9b
Musik: Siegfried Macht

Kanon für 2-3 Stimmen

Spielanregung

Es werden große Tränen aus Papier oder Pappe geschnitten. Die Kinder schreiben oder malen ihren Kummer darauf oder nehmen eine Träne in die Hand und denken ganz fest an ihre Sorgen. Anschließend werden die Tränen zusammengeknüllt und in einen Krug geworfen.
Wo stellen wir den Krug nun hin? Auf den Altar?
Wo bleiben die Tränen auf Dauer? Wollen wir uns von unseren Ängsten berichten? Sollen sie im Krug bleiben? Gießen wir Wasser hinein? Oder verbrennen wir die Tränen mit einer Kerze?

Vereinfachung

Während jemand mit dem Krug herumgeht und die »Tränen« einsammelt, wird das Lied gesungen. Mit Kindern kann man sich auf das Singen der ersten acht Takte beschränken. Auch ohne die etwas schwierigere dritte Kanonzeile liegt eine bereits in sich stimmige Melodie vor. Ja mit ganz Kleinen reichen sogar schon die ersten vier Takte. Dann sollte jedoch jemand die folgenden vier Takte (z.B. auf einem Glockenspiel) jeweils ergänzen. Das ergibt ein sich gut eingliederndes Zwischenspiel und bereitet den späteren Gesang dieser Zeile vor:

Sammle meine Tränen

Text: Psalm 56, 9b
Musik: Siegfried Macht

b) LIEDER ZUM NEUEN TESTAMENT

In den Bergen wohnt ein Hirte

Sirto

Text: Siegfried Macht
Musik: nach einem Tanz aus Pirin-Mazedonien (Bulgarien)

A Und er läßt die neunundneunzig
alle miteinander stehn, (2 x)
B denn er spricht: Sonst wird das eine
weiter in die Irre gehn. (2 x)

A Und was meint ihr: Wenn er's findet,
was in diesem Augenblick (2 x)
B freut ihn mehr als das Verlorene?
Schaut, wie froh trägt er's zurück (2 x)

Tanzbeschreibung

Lange Reihe, im Halb- oder nicht geschlossenen Kreis. Hände beider Nachbarn locker herabhängend gefaßt. Schritt-Rhythmus ist lang-kurz-kurz: pro Takt drei Schritte im Tempo punktierte Viertel - Viertel - Viertel. Beginn mit linker Seite zur Mitte und Tanz gegen den Uhrzeigersinn:

Takt	*Bewegung*
	A-TEIL
1–3	Pro Takt ein Schritt vorwärts auf der Kreisbahn, dann zurück- und vorwiegen.
4	mit links nach innen: Spreizstand (breitbeinig stehend), 2 x klatschen, dabei hin- und herwiegen.
5–8	wie 1–4
	B-TEIL
9	Mit 3 Schritten (fast) ganze Drehung um die rechte Schulter raumgreifend nach außen
10	linke Schulter voran mit 3 Schritten Richtung Kreismitte
11	rechte Schulter voran mit 3 Schritten Richtung Kreismitte
12	linke Schulter nach innen vorstrecken und linken Fuß nach innen: Spreizstand und 2 x klatschen (wie Takt 4)
13–16	wie 9–12

Variationen

An Stelle der zwei Klatscher in den Takten 4, 8, 12 und 16 jeder Strophe treten wechselnde textausdeutende Gesten oder Schritte (die in der Gruppe auch durch eigene ersetzt werden können):

1 A: 2 x klatschen: *Der Hirte treibt die Schafe.*

1 B: Sprung auf rechts, Sprung auf links: *Der Hirte springt dem Verlorenen hinterher.*

2 A: Schon den 1. Schritt etwas springen, dann auf diesem (linken) Fuß stehenbleiben und das angewinkelte rechte Bein strecken und wieder anwinkeln: *Der Hirte läßt die anderen Schafe »stehen«.*

2 B: Hände vor der Brust verschränken, erst mit links nach rechts zeigen, dann darüber kreuzend mit rechts nach links zeigen: *Das Schaf weiß die Richtung nicht mehr bzw. sitzt im Gestrüpp gefangen.*

3 A: Erst linke, dann rechte Handfläche nach oben erheben und/oder Achselzucken: *Was meint ihr …?*

3 B: Beide Hände (evtl. nacheinander) auf rechte Schulter legen: *Der Hirte trägt das Schaf nach Hause.*

Anschließend kann die erste Strophe im sich schließenden Kreis wiederholt werden: *Der Hirte (der erste der Reihe) hat das Schaf (den letzten der Reihe) gefunden und zurückgebracht.*

Zur Symbolik

Die Schritte bilden die Suche nach dem verirrten Schaf in den unwegsamen Schluchten des Gebirges ab: Nur einer von drei Schritten führt wirklich vorwärts, mit den anderen stützt sich der Hirte ab.
Auch der 7/8-Takt läßt sich zeichenhaft deuten: In der Sieben als Zahl der Fülle liegt die Begegnung der 3 und der 4, weiterer Vollzahlen z.B. für die Wendung des dreieinigen Gottes zu seiner (durch die 4 Himmelsrichtungen angedeuteten) Erde. Zudem zeigt sich im Reiz der Unregelmäßigkeit des 7/8-Taktes die Hinwendung zum »Aus-der-Reihe-Tanzenden«: Es geht weder um den Gleichschritt Marschierender, noch darum, alle »über einen Kamm zu scheren«. Die Ungleichheit (lang-kurz-kurz) dient, der Liebe folgend, einer höheren Gerechtigkeit: Auch die »Zu-kurz-Gekommenen« kommen in dieser Einbindung letztendlich am besten zur Geltung …
Sollen in altersgemischten Gruppen auch jüngere Kinder einbezogen werden, so können diese eingangs, oder auch noch während des Tanzes der älteren, jedes für sich mehr oder weniger frei durch den Raum tanzen. Als Gegenüber zum Tanz der Hirten, sind sie dann die Herde, der sich das lang-kurz-kurz des Schrittes erst nach und nach erschließen wird: Wir bitten den jeweiligen Oberhirten jetzt schon um Nachsicht.

Spiel für die Jüngeren

Dominieren die Jüngeren, so bietet sich ohnehin eher das folgende Spiel an, das auch dem Formverlauf der Musik auf der CD entspricht: Vorab die Rollen verteilen, wir brauchen einen Hirten und das verlorengehende Schaf, vielleicht auch einige Hirtenhunde, die die Schafe ein wenig scheuchen …

A-Teil: } 1. Strophe singen
B-Teil: }

C-Teil: wild durcheinanderlaufen (gescheucht von den Hirtenhunden), dabei versteckt sich das eine Schaf.

A-Teil: } 2. Strophe wiederholen
B-Teil: }

2 x D-Teil, 2 x E-Teil: Der Hirte geht das Schaf suchen, wenn er es gefunden hat, nimmt er es bei der Hand (wenn er ein Erwachsener ist eventuell auf die Schulter) und führt es zu den anderen zurück.

A-Teil: } 3. Strophe singen
B-Teil: }

Jeder Teil umfaßt 8 Takte. Die instrumentalen Teile C, D und E sind auf der CD enthalten, aber nicht im Notenbild abgedruckt, da sie für ein Musizieren mit den Kindern zu schwer sind. Wer ohne CD spielt, sollte einfach A und B entsprechend instrumental und/oder auf Tonsilbe wiederholen bzw. auf der Grundlage der Begleitung und hinzukommender Rhythmusinstrumente improvisieren.
Je nach Alter der Kinder können die Übergänge zwischen Tanz- und Spielfassung fließend gehalten werden. So wie im Tanz die Jüngeren als »umherstreunende Schafe« einbezogen werden, kann in der Spielphase natürlich während jeder Singphase auch (von den Älteren) getanzt werden. Ebenso kann sich der Hirte einen Freudentanz ausdenken (für die Rückkehr zur Herde, also je nach Länge des Suchens etwa zum zweiten E-Teil) vielleicht sogar als Paartanz mit dem gefundenen Schaf.

Begleitung im 7/8-Takt

Das Finden der drei Tanzschritte pro Takt fällt besonders leicht, wenn auf Gitarre oder Keyboard der 7/8-Takt wie im folgenden Notenbeispiel strukturiert wird. Dann nämlich fallen die Schritte jeweils mit dem Baßton zusammen.
Als Vorübung für angehende Musikanten sitzen wir im Kreis und schlagen die 7/8 in ihrer typischen Verteilung mit den Händen auf die Oberschenkel: »Links - rechts - rechts, links - rechts, links - rechts« und von vorn, alle Schläge der linken Hand etwas lauter. Diese Links-Schläge können nun verschiedenste Trommeln und Baßinstrumente (Töne den Buchstaben über der Melodie entnehmen) mitspielen. Die Rechtsschläge spielen die Trommler etwas leiser oder lassen sie ganz weg, bzw. schlagen sie nach rechts in die Luft, wo jemand mit einem anderen (leiseren) Rhythmusinstrument sitzt und komplementär ergänzend spielt, also alle Linksschläge (leise schlägt oder) nach links in die Luft zum Partner andeutet und nur die Rechtsschläge wirklich ausführt.

Begleit-Pattern

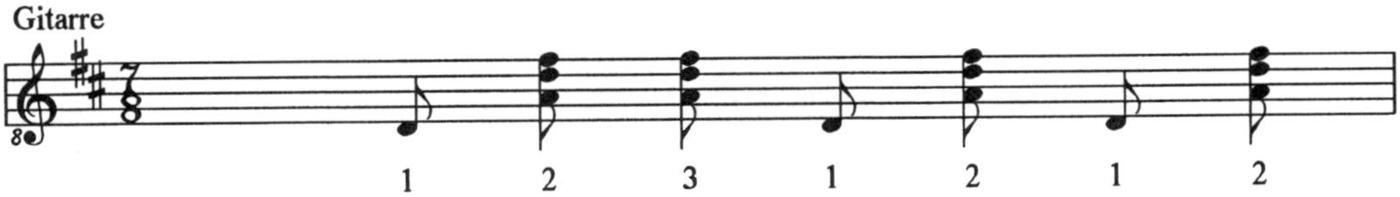

Die rhythmische Unterteilung des zugrundeliegenden 7/8-Taktes läßt sich auf der gezupften Gitarre besonders gut verdeutlichen (Klavier entsprechend).

Niemand will uns haben

Text und Musik:
Siegfried Macht

Kanon für 2 Stimmen

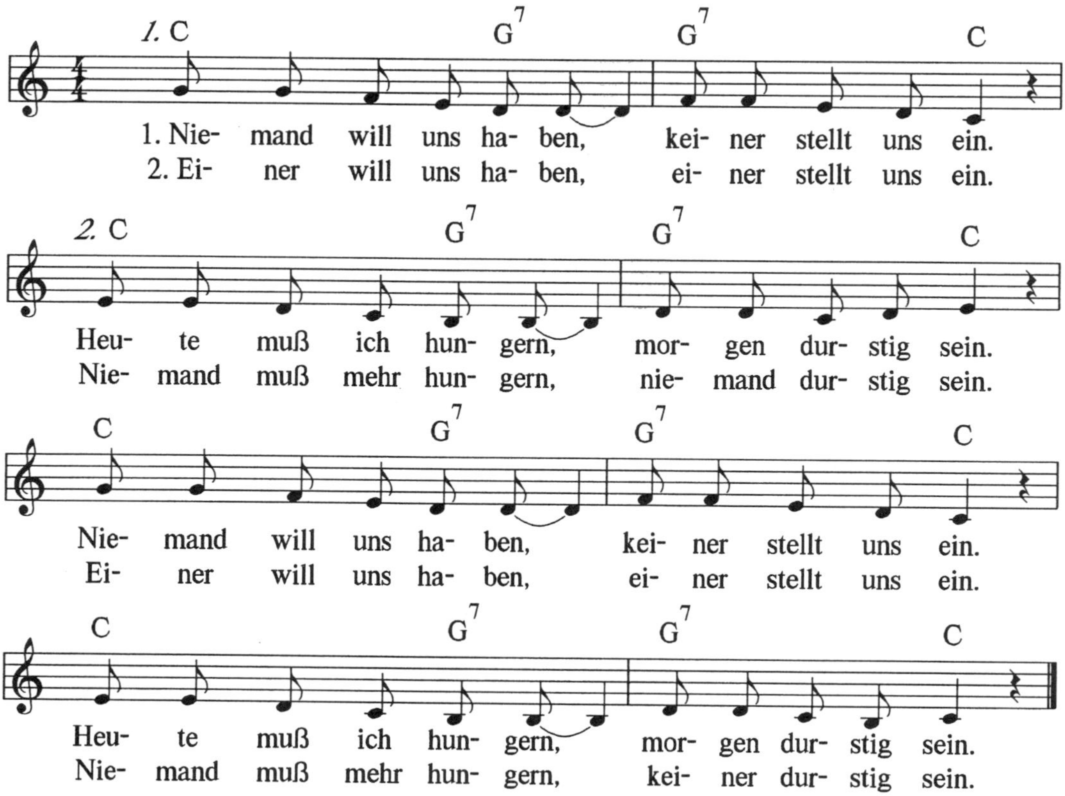

Liedrufe ins Biblische Erzählspiel integrieren

»Niemand will uns haben« ist das Lied der Menschen auf dem Marktplatz. Schon damals ist der »Markt« auch ein grausamer Ort: Angebot und Nachfrage entscheiden über Existenzsicherung und Selbstwertgefühl.

Das folgende Lied »Kommt, kommt, Arbeit ist genug« steht für den Ruf des Weinbergbesitzers, damit beginnt die »gute Nachricht« (deutsch für das griechisch-lateinische Wort »Evangelium«): »Ich brauche euch! Ihr seid mir etwas wert!«

Beide Liedrufe können mehrfach in das Lesen, Erzählen oder Spielen des Gleichnisses eingebaut werden, erst einstimmig, dann mehrstimmig, wenn einer nach dem anderen aufgreift und weitersagt, was er gehört hat: Was mich wirklich angeht, kann ich nicht für mich behalten – wenn das Herz voll ist, geht der Mund über – der Kanon ist die Lied-

form extremer Inhalte, Klage und Lob, Freude und Verzweiflung suchen Resonanz.
Die zweite Strophe der Arbeiter(innen?) begleitet ihr freudiges Mitziehen in den Weinberg, begleitet eventuell auch quasi als »Work-Song« ihre Arbeit, kann Grundlage eines Erntetanzes werden: »Niemand muß mehr hungern, niemand durstig sein.«
Die dritte Strophe des Weinbergbesitzers (bzw. genau genommen die seines Verwalters) lädt zum Empfangen des Lohnes ein. Gerade auch sie sollte als Kanon enden: Für die Arbeiter der letzten Stunde ist unfaßbar, was ihnen geschieht, sie können nur singend und jubelnd davon weitersagen.
Die Liedtexte greifen mit dem »parallelismus membrorum« ein Gestaltungsmittel altorientalischer, speziell hebräischer Dichtkunst auf: Eine Aussage wird inhaltlich variiert wiederholt, statt des Klangreimes findet so quasi ein inhaltlicher Reim statt: »jeder wird gebraucht« und »jede Hilfe zählt«. Etwa so werden sie damals also wirklich gedichtet und gesungen haben, nicht nur mit Psalmen im Tempel, sondern auch auf den Marktplätzen und in den Weinbergen.
Dem Charakter der jeweiligen Situation entsprechend sollte mit dem Tempo der beiden Lieder variabel umgegangen werden. Das Metrum der Viertelnote für »Niemand will uns haben« liegt am günstigsten etwa bei 90 Schlägen in der Minute, die zweite Strophe eher etwas schneller. »Kommt, kommt« sollte mit etwa 100 Viertelschlägen pro Minute angestimmt werden.

Begleit-Ostinato

Für beide Lieder gilt die gleiche einfache Begleitfolge (C-G / G-C). Wer etwas jazziger begleiten möchte, kann statt dessen spielen: am7-dm6 / G7-C, jeder Akkord gilt wieder jeweils einen halben Takt lang.
Für eine auf Stabspielen begleitende Kindergruppe können die entsprechenden Buchstaben ebenfalls die zu musizierenden Töne (auf Metallophon, Xylophon, Glockenspiel) angeben.
Die Gitarrenakkorde können Seite 40 in der Grifftabelle nachgeschlagen werden, das seltener auftretende »dm6« entsteht aus dem »dm« durch Abheben des Mittelfingers von der H-Saite (das ist die zweitdünnste).

Kommt, kommt, Arbeit ist genug

Text und Musik:
Siegfried Macht

Kanon für 2 Stimmen

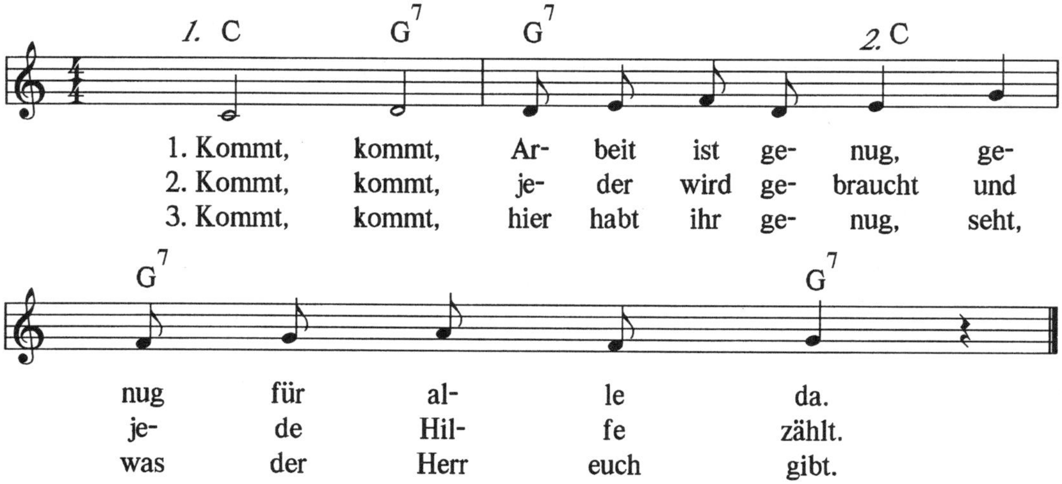

In anderen Zusammenhängen

Für kreative Geister kann die Arbeit mit diesem und dem vorangehenden Lied anschließend weiter gehen. Mit wenigen Variationen greifen beide Texte auch in andere Situationen hinein. Ich sehe z.B. Maria und Josef (und andere »Asylanten«) von Haus zu Haus gehen und singen: »Niemand will uns haben, keiner nimmt uns auf, wir zogen all die Wege hinab schon und hinauf!« Auch Zachäus und viele andere höre ich singen: »Niemand … Einer …« Und auch darauf müssen wir hoffentlich nicht mehr allzu lang warten: »Kommt, kommt, Arbeit ist genug für alle da …«

Blind bin ich gewesen

Text und Musik:
Siegfried Macht

Freudentanz des Blinden

Bartimäus kann endlich sehen, er braucht nicht mehr zu stolpern und sich führen zu lassen. Er kann ganz alleine gehen, wohin er will. Er kann große Schritte machen und – er kann hüpfen, springen, tanzen. Wer hat damals wohl mit ihm getanzt. Wer hatte sonst noch Grund zur Freude, wer wollte den »Jesus-ich-danke-dir-Tanz« mitmachen? Wer tanzt ihn heute mit?

Eigenen Tanz erfinden

Ihr könnt euch selbst einen Tanz ausdenken … Vielleicht beginnt ihr alle in einer langen Reihe, Bartimäus ganz vorne: Heute will er einmal die anderen führen! Alle legen ihre Hand dem Vordermann auf die Schulter. So werden heute noch in manchen Ländern südlich des Mittelmeers Blinde geführt.
In dieser Fassung gehen wir aber nur zwei ruhige Schritte: »Blind bin ich gewesen«. Das ist jetzt ja vorbei. Wir lassen uns los und bis zum Ende der Melodie tanzt jeder durch den Raum, frei und ausgelassen, hüpfend und springend … Aber aufgepaßt: Bartimäus wird nie vergessen, daß er blind war und was Jesus für ihn getan hat. Daran wird er sich immer erinnern. Also hüpfen wir so durch den Raum, daß wir zu Beginn der Melodie immer wieder alle zu einer Reihe hinter Bartimäus zusammenkommen und zwei Schritte gemeinsam tun, die uns an seine Zeit als Blinder erinnern (rechter Fuß beginnt).

Lichtertanz

Alternativ dazu können wir mit etwas älteren Kindern (etwa ab acht) auch einen Lichtertanz probieren:
Alle stehen im Kreis, die linke Seite zeigt zur Mitte, die rechte Hand liegt auf der linken Schulter des Vorgängers, die linke Hand hält eine flache Schale mit einem (noch nicht angezündeten) Teelicht oder einer Kerze.

In der Mitte des Kreises steht eine Person mit einer brennenden Kerze. (Die möglichst tropffreie Kerze sicherheitshalber noch mit einem Handschutz versehen: Zum Beispiel einen Bierdeckel überkleben, mit Loch versehen und Kerze hindurchstecken.)

Pro Takt erfolgt nun eine ruhige Bewegung:

Takt 1: Rechts vorwärts gehen
Takt 2: links vorwärts gehen
Takt 3: zur Mitte drehen und nach rechts wiegen
Takt 4: nach links wiegen
Takt 5: linke Hand mit rechter »unterstützen« und Schritt mit rechts Richtung Kreismitte vor
Takt 6: Schritt mit links zur Mitte vor
Takt 7: Schritt rechts rückwärts
Takt 8: Schritt links rückwärts

Mit Vierteldrehung nach rechts und gleichzeitigem Schritt vorwärts beginnt alles von vorn.

In der traditionellen Fassung geführter Blinder (s.o.) bewegt der Kreis sich nach und nach gegen den Uhrzeigersinn, das heißt der Sonne, dem Licht entgegen.
Jeweils in Takt 6 steht ein anderes Kind vor dem Licht (tragenden Kind) in der Mitte und erhält dort das seine angesteckt.
Lied und Tanz enden, wenn alle Lichter brennen.

Sitztanz

Vor allem auch zur Integration behinderter Kinder oder beim Zusammenkommen mit ältern Menschen haben sich Bewegungsspiele im Sitzen bewährt.
Gemeinsam im Kreis (mit Blick zur Mitte) gilt nun das doppelte Tempo gegenüber dem eben mitgeteilten Lichtertanz. Jetzt haben wir zwei Bewegungen in jedem Takt und kommen dadurch auf insgesamt 16 Impulse im Tempo der Viertelnote:

Impuls 1: Hände vor die Augen halten: *Blind bin …*
Impuls 2: Hände gekreuzt auf die Brust legen: … *ich …*
Impuls 3+4: Hände fallen lassen und rechts und links an der Hüfte vorbeiführen, als wollten sie etwas nach hinten wegschieben, denn das ist jetzt ja: … *gewesen!*

Also bringen wir nun unsere Freude über die Heilung zum Ausdruck:

Impuls 5: mit beiden Händen auf die Oberschenkel schlagen
Impuls 6: klatschen
Impuls 7+8: wie 5+6

Und nun zeichnen wir (mit der rechten Hand) den Weg nach, den der Eine gekommen ist, dem wir folgen wollen (wie die linke Hand der rechten):

Impuls 9: Rechte Hand tippt auf den rechten Oberschenkel des linken Sitznachbarn,
Impuls 10: rechte Hand tippt auf den eigenen linken Oberschenkel,
Impuls 11: rechte Hand tippt auf den eigenen rechten Oberschenkel,
Impuls 12: rechte Hand tippt auf den linken Oberschenkel des rechten Nachbarn.

Impuls 13–16: wie 9–12 aber mit der linken Hand.

Meinen Jesus laß ich nicht

Siegfried Macht nach
Christian Keimann (T: 1658)
und Johann Ulich (M: 1674)

Kanon für 2 Stimmen

Perspektivisches Singen

Der kleine Kanon aus der Anfangs- und Schlußzeile des gleichnamigen Chorals (EG 402) wirkt in seiner Aussage sehr viel intensiver, wenn wir ihn im Anschluß an eine biblische Blindenheilung (Mt 20, 29–34 oder Mk 10, 46–52) z.B. als Lied des Bartimäus einführen. Jetzt erst wird das »Licht« gleichermaßen in seiner konkreten wie zeichenhaften Bedeutung voll ausgeschöpft und auch der Nachfolgegedanke bekommt einen »Sitz im Leben«.

Vereinfachung der Begleitung

Statt »gm« kann (»Bb« oder) »C7« gespielt werden. Die einfachste Begleitung auf Stabspielen (in mittlerer und hoher Lage) ist der ständige Wechsel der Töne »f« und »c«.

Begleit-Ostinato

für Metallophon und/oder Glockenspiel

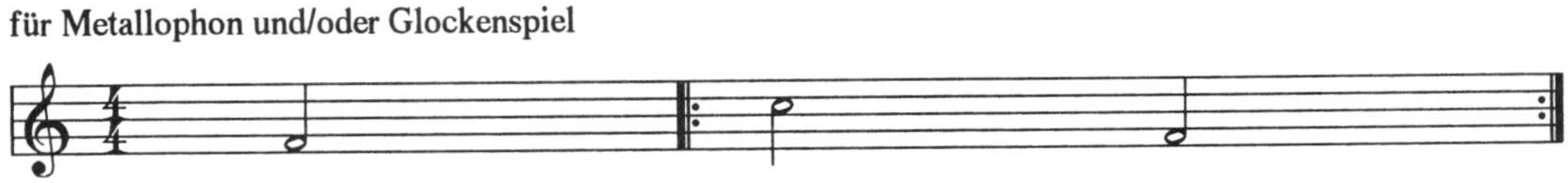

Bei dir, Jesu, will ich bleiben

Text: Philipp Spitta (1829) 1833
Kanonfassung nach der Melodie
aus dem 17. Jh.: Siegfried Macht

B-Teil im Kanon für 2 Stimmen

Kanon

Die Melodie (vgl. EG 251 u. 406) hat den Formverlauf A-A-B-A. Der auf die Wiederholung folgende B-Teil ist in der hier notierten Fassung gegenüber dem Original so verändert, daß sich ein einfacher Kanonsatz ergibt. Diese zweite, nun als Kanon singbare Hälfte sollte jetzt ebenfalls wiederholt werden, damit sich die Mehrstimmigkeit entfalten kann.

Die erste Strophe reicht

Besonders in der Kanonfassung reicht die erste Strophe des Chorals völlig aus und gibt für die Arbeit mit Kindern eine in sich stimmige Vertonung des Bildwortes Jesu (Joh 15, 4–7).

Weintraubenspiel

Joh 15, 1–8 folgend stellen wir uns auf wie ein »Weinstock« (Kind 1) mit zwei (Kind 2 und 3) sich immer weiter (Kind 4 usw.) verzweigenden Reben (siehe Skizze). Um die Aufstellung übersichtlich zu gestalten, fassen jeweils die Kinder, die einen gemeinsamen »Ursprung« haben, dies Kind einen Moment lang an. (So fassen z.B. die Kinder 8 und 9 das Kind 4.) Später (s.u.) ist die Fassung nicht mehr nötig, statt dessen entstehen unter den Kindern »Versorgungswege« wie zwischen Weinstock, Reben und Trauben.
Vor Kind 1 steht ein Tisch, gedeckt mit mindestens so viel Weintrauben, wie Kinder mitspielen (in kleineren Gruppen kann auch jedes Kind zwei oder drei Trauben bekommen). Die Trauben liegen in halbierten Walnußschalen, kleinen Täßchen oder Eierbechern, je nachdem, was wir in genügender Anzahl aufgetrieben oder von den Kindern haben mitbringen lassen.

Nun lautet die Spielregel:
— Während des Spiels wird nicht gesprochen, statt dessen singen wir das Lied.
— Kind 1 nimmt das erste Gefäß samt Traube und gibt sie weiter an Kind 2 oder 3, das gibt ebenfalls weiter usw., bis die Traube in der letzten Reihe angekommen ist. Währenddessen hat Kind 1 ununterbrochen weitere Trauben auf den Weg geschickt. Jedes gibt weiter und darf seine Traube erst behalten, wenn alle hinter ihm versorgt sind.
— Sobald die Traube angekommen ist, wird das Gefäß zurückgegeben. An den »Kreuzungen« darf nicht gedrängelt werden. Hin und her laufende, gefüllte und leere Gefäße werden ruhig, und hin und wieder nach Wartepause, jedoch zügig weitergereicht.
— Wenn alle versorgt sind, läuft das Singen aus und alle dürfen ihre Traube essen.

Variante: Soll auch während des Spiels im Kanon gesungen werden (Kinderchor), so ersetzt die Chorleitung Kind 1 und gibt zum Einsatz des Kanonteils die Weintrauben stets in den Strang weiter, der gerade einsetzt.

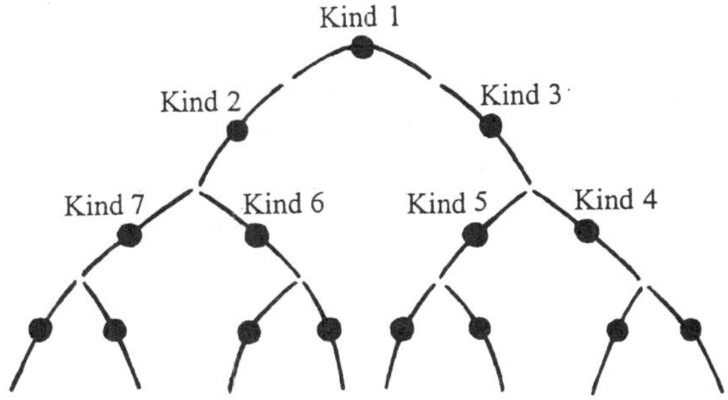

usw. je nach Anzahl der Kinder

Wir alle sind ein Leib

Kanon für 2 Stimmen

Text: nach 1. Korinther 12, 12-18
Musik: Siegfried Macht

Das Spiel als Zeichnung vorbereiten

Zuerst zeichnen wir alle zusammen oder in Gruppen Strich-»männchen«. Bei aller Aufgeklärtheit ist hier eine »geschlechtslose Fassung« für den weiteren Spielverlauf die am wenigsten ablenkende!
Jedes Kind darf nur einen Strich (Linie, Punkt, Bogen …) machen, dann ist das nächste dran …

Jetzt versuchen wir, den gezeichneten »Leib« als Menschenkette darzustellen: Ein großes Oval für den Körper. Ein kleiner Kreis für den Kopf. Ein Kind mit ausgebreiteten Armen dazwischen als Hals. Je ein Kind als Arm. Je zwei Kinder als Füße. Stimmen die Proportionen? Je mehr Kinder wir haben, desto genauer gelingt unser Werk, desto mehr Details können wir abbilden. Große Gruppen können sogar einen Mund, eine Nase oder zwei Augen in den Kopfkreis stellen. Wenn wir uns in der Kirche aufgestellt haben, dürfen ein, zwei Kinder auf die Empore laufen und dirigieren: Was läßt sich noch verbessern? Die Augenkinder müssen die Arme flach anlegen, der Mund die Arme ausbreiten, nein, im Halbkreis muß er die Arme halten, um wie ein lachender Mund auszusehen usw.

Jetzt setzen wir uns wieder hin, lernen das Lied. Haben wir anschließend die Figur noch vor Augen? Nun nämlich gilt folgende Spielregel: Ohne zu sprechen, ohne einander Tips zu geben, bauen wir unseren Leib noch einmal. Der Reihe nach stehen wir auf und jedes Kind darf sich hinstellen, wo es will, wo es meint, gebraucht zu werden, damit die Figur stimmt. (Das können, müssen aber nicht dieselben Plätze wie vorher sein. – Ja, wie gehen wir damit um, wenn schon einer steht, wo der andere hin will?)
Noch besser, als das Ganze schweigend zu spielen, ist es, wenn wir dazu singen. Jetzt können wir auch verabreden, daß einer nach dem andern immer nach zwei Takten aufsteht. Zwei Takte sind um, wenn Stabspiele und/oder Gitarre »C-a-d-G« gespielt haben und wieder von vorn beginnen oder wenn viermal (im Tempo der halben Note) auf Pauke, große Handtrommel o.ä. geschlagen wurde.

Spielerische Liedbegleitung

Wie alle zusammengehören und daß jedes Kind gebraucht wird, das läßt sich auch beim Aufbau einer Liedbegleitung mit Musikinstrumenten ausprobieren. Am besten geht das mit Rhythmusinstrumenten: Wir zählen in jedem Takt laut bis vier, und jedes Kind überlegt sich eine oder zwei Zahlen, bei denen es musiziert. Durch die Überlagerung entsteht ein komplexer Rhythmus. Mit älteren oder rhythmussicheren Kindern (bzw. Mitarbeitern) können wir auch im Achteltempo zählen: 1+2+3+4+ und den einen oder anderen auch auf »+« schlagen lassen. In der Popmusik ist z.B. das »+« hinter der »2« eine sehr wichtige Stelle, wenn wir da einen lauten Schlag plazieren, beginnt unser Leib zu »grooven«.

Die Liebe nimmt den Nächsten an

Text: Nikolaus Herman (1560) 1562
Kanon (nach der Melodie von Loys Bourgeois, 1551): Siegfried Macht

Kanon für 2 (-5 Stimmen)

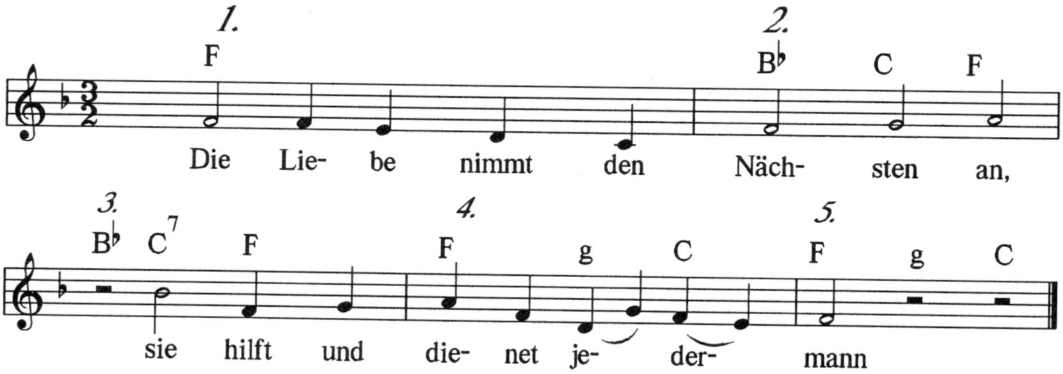

Bewegungsspiel zwischen »Jericho und Jerusalem« (EG 413,3)

Die Kinder bilden Gruppen zu dritt, viert oder fünft in der Reihe hintereinander, eine Hand auf die Schulter des Vorgängers gelegt. Nun ziehen die Gruppen singend durch den Raum. Später, oder mit älteren Kindern bzw. geübten Sängern, können die Gruppen sogar den unterschiedlichen Kanoneinsätzen folgend losziehen.
Immer das letzte Kind der Reihe kann sich, wann und wo immer es mag, abhängen. Selbiges gilt für das vorletzte, das so zum letzten wird, usw. – nur: Wer allein ist, muß stehenblieben und warten, bis eine Reihe helfend vorbeikommt, an die er sich wieder anhängen kann – nein, er hängt sich nicht an, die Reihe hängt sich an ihn, der nun sogar führen darf.
Das Spiel endet, wenn alle Einzelnen eingesammelt sind und alle Reihen sich zu einer Reihe gesammelt haben: Jeder ist jedem zum Nächsten geworden.

Wird während des Spiels im Kanon gesungen, so bestehen zwei Spielregelvarianten mit je eigener Dynamik:

- Entweder die Reihen dürfen sich nur an einzelne anhängen, die im gleichen Kanoneinsatz singen,
- oder die einzelnen übernehmen die Stimme der auf sie zusteuernden Gruppe.

Es atmet, es atmet, es atmet tief in mir

Text und Musik:
Siegfried Macht

Zwischen den einzelnen Wiederholungen des Liedes pausieren wir eine abgesprochene Zeit und achten (gegebenenfalls bei weiterlaufender leiser Begleitung) bewußt auf unseren Atem. Oder wir fügen sogar von Mal zu Mal wechselnde kleine Atemübungen ein:

Nach der ersten Runde Luft holen und auf »fffff« ausatmen. Ein- und Ausatmen dauern je eine Zählzeit und siehe da: Obwohl wir ausgeatmet haben, ist noch genügend Luft da, um gleich weiterzusingen. Oder ist unmerklich in der Achtelpause vor dem Auftakt schon wieder etwas Luft hereingekommen? Auch das wäre ein guter Reflex; denn eben dieser »Schnappatem« hilft uns beim Singen später weiter, wenn mangels großer Pausen kaum Zeit zum Luftholen ist.

Nach der zweiten Runde ändern wir den Klang auf den wir ausatmen oder nehmen uns mehr Zeit, dabei sollte die Anzahl der Zählzeiten aber stets so verlängert werden, daß wir (bei weiterlaufendem Metrum in der Instrumentalbegleitung) wieder taktgerecht einsetzen können. Ein- und Ausatmen zusammen sollten jetzt also 4 Zeiten dauern.

Nach der dritten Runde folgt ein neuer Klang und/oder Verlängerung der Atemphase auf 6 Zählzeiten, usw.

Geeignete Klänge für das Ausatmen sind als langgezogene Klinger die Konsonanten »nnn« und »mmm«, das »fff« und das stimmhafte »sss«. Als mehrfach hintereinander kurz gestoßene Impulse (zum Beobachten des Zwerchfelleinzuges) eignen sich u.a. das »f-f-f« und das stimmlose »s-s-s«. (Weitere Anregungen siehe in Kapitel 1.)

Sobald ein bestimmtes Repertoire an Variationen bekannt ist, kann auch so gespielt werden, daß nach jeder Runde ein Kind im Kreis vorgibt wie ein- und ausgeatmet wird. Die anderen wiederholen als Echo mit gleicher Länge und gleichem Klang, dann ist das nächste Kind dran. Dazu wechselt die Reihenfolge möglichst im Kreis herum, damit der Fortlauf des Metrums nicht durch Absprachen (»Wer macht weiter?«) unterbrochen werden muß.

7.3 Weitere Lieder und Gestaltungsmöglichkeiten

Abschließend sollen noch einige Lieder vorgestellt werden, die quer zu den bisherigen Systematiken liegen oder verschiedene Themenaspekte verbinden. Verstärkt soll hier noch einmal Mut zum eigenen Experimentieren mit Liedtextvariationen und ersten eigenen kreativen Schreibversuchen gemacht werden.

Ich steh in meines Herren Hand

Siegfried Macht nach Philipp Spitta (Text 1833)
Melodie nach »Wo Gott der Herr …« (Wittenberg 1529)

Kanon für 2 Stimmen

Weitere Strophen finden: Schöpfung

Wieder können wir alle Gesangbuchtexte, welche zur gleichen Melodie singbar sind auf »kinderfreundliche« und jeweils thematisch passende Verse absuchen. So verweist das EG am Ende dieses Liedes (EG 374; LJ 218) auf EG 297. Dort finde ich in der 6. Strophe eine schöne Textunterlegung für unseren Kanon zum Thema »Schöpfung«:

Den Himmel hast du und die Erd,
Herr, unser Gott gegründet;
gib, daß dein Licht uns helle werd,
laß unser Herz entzündet.

Damit schlägt Justus Jonas (1524) den Bogen vom Schöpfer zum Geschöpf, der auch Martin Luther (vgl. das Lied »Ich glaube, daß Gott mich geschaffen hat«, s. Seite 110) so wichtig war: Der am ersten Schöpfungstag (1. Mose 1, 1–5) Himmel und Erde gemacht hat und die Dunkelheit erhellt, der soll auch meine Dunkelheit hell machen, mich selbst leuchten lassen.

Weitersuchen: Advent

Und weiter geht es mit der Entdeckungsreise durch das Gesangbuch: Unser Ausgangspunkt ist das Lied Nr. 374. So wie auf das Lied hingewiesen wird, von dem die Melodie geliehen ist (s.o., EG 297), so wird auch das Lied angezeigt, dessen Melodie ebenfalls zum abgedruckten Text paßt. Da der dort zu findende Text (in unserem Fall »Es ist gewißlich an der Zeit«, EG 149) das gleiche Versmaß haben muß, geht es auch anders herum: Wir können diesen Text auf unsere Melodie, also im obigen Kanon singen und erhalten einen schlichten und »kindertauglichen« Adventsspruch:

Es ist gewißlich an der Zeit,
daß Gottes Sohn wird kommen.

In der obigen Kanonfassung könnten wir den Text hier bereits schließen lassen, ehe es (vgl. den Originaltext EG 149) für die Kinder vielleicht etwas zu apokalyptisch wird.

Dritte Stimme für »Brummer«

Auf den Stabspielen spielen wir die Begleittöne mit: »g-e-e-d-e« und von vorn. Wenn wir vom »g« aus nach links gehen, ist das eine sehr kurzschrittige und übersichtliche Abfolge. Sobald wir sie sicher beherrschen, betonen wir die letzten beiden Töne jeder Wiederholung »d-e«, schließlich singen wir sie auf Text »A-men« mit. So ergibt sich eine Mini-Stimme in Sprechstimmenlage für Kinder, die sich vorerst nicht mehr zutrauen, oder solche, die gern zum Instrument hinzusingen mögen.

Begleit-Ostinato

Metallophon

Gott, so wie der Sonnenschein

im Quodlibet mit »Sonne der Gerechtigkeit«

Text und Musik:
Siegfried Macht

Zwei Lieder – ein Klang

Im Familiengottesdienst können die Kinder ihr einstrophiges Lied »Gott, so wie der Sonnenschein« beständig auswendig wiederholen, während die Erwachsenen dazu den Choral »Sonne der Gerechtigkeit« (EG 262; LJ 150; GL 644) anstimmen.
Nicht nur die Melodien fügen sich aufgrund ihrer Ähnlichkeit im harmonischen Ablauf in die Gleichzeitigkeit, auch die Texte korrespondieren einander: Das Kinderlied umkreist in einfacher Sprache die Sonne als das zentrale, auf Gott bzw. Christus weisende Symbol, das auch dem Choral zugrundeliegt.

Das wäre dann schon ein erstes hoffnungsvolles Zeichen auf dem im Choral besungenen Weg zueinander aus der Zertrennung: Zwei Lieder im »Ein-Klang«.

Werden beide Lieder zum Quodlibet verbunden, so kann dem Kinderlied abschließend statt der Wiederholung »So bist du dennoch da« die refrainartige Choralzeile »Erbarm dich, Herr« unterlegt werden. Die Erwachsenen hören den Zwischentakt (das Kinderlied ist einen Takt länger als der Choral) dann als Echo der Kinder auf ihre eigene Schlußzeile.

Leichtere Akkorde

Wird das Kinderlied ohne Zusammenklang mit dem Choral gesungen, so können die notierten Dreiklangsbuchstaben durch die folgenden ersetzt werden:

D-(D)-A-D / A-A-A-(A) / e-D-A-A / D-(A)-D-(D) /
D-D-D-D / D-(D)-A-A / D-D-D-(D) / A-(A)-D-(D) /

Jeder Buchstabe (inclusive der eingeklammerten) gilt für einen Schlag im Tempo der halben Note. Wer die einfachere Begleitung ins Buch bzw. auf eine Kopie übertragen möchte, muß darauf achten, daß die eingeklammerten Buchstaben keine Entsprechung in der Buchstabennotation über dem Lied haben und jeweils zwischen den anderen stehen, für die jeweils ein notierter Buchstabe gestrichen wird.
Die Schrägstriche entsprechen den Taktstrichen.

Vorspiel/Intonation

Der zweite Teil des Kinderliedes (ab Auftakt zu Takt 5: »Auch wenn wir deine Strahlen …«) eignet sich gut als Vorspiel auf Keyboard oder Altflöte bzw. kann ganz einfach von der Gruppenleitung gesummt werden. Wenn diese nun in der abschließenden Pause noch tief und deutlich atmet und die Kinder auffordernd anschaut, setzen alle zum richtigen Zeitpunkt und in gleicher Tonhöhe ein.

Liedverkürzung/Sonnentanz

Mit kleineren Kindern kann das Lied dann generell nach vier Takten mit dem »Halleluja« schließen und einige Male wiederholt werden, wozu sich die Anbindung an einen kleinen »Sonnentanz« anbietet:

a) Entweder passende Gebärden mit den Kindern selbst suchen, vielleicht damit beginnen mit ausgestreckten Armen den Sonnenlauf nachzuzeichnen …
b) Oder etwas tänzerischer das Bild eines Sonnenkreises und seiner Strahlen als Tanzweg mit den Schritten auf den Boden zeichnen. Dazu im Tempo der halben Note im durchgefaßten Kreis in

Takt 1:	4 Schritte rückwärts
Takt 2:	4 Schritte vorwärts
Takt 3:	2 Schritte gegen den Uhrzeigersinn über die Kreisbahn (mit dem ersten Schritt also Vierteldrehung nach rechts) 2 Schritte in gleicher Richtung, aber mit Blick zur Mitte (mit dem ersten Schritt also Vierteldrehung nach links), der zweite Schritt wird leicht stampfend links an rechts rangestellt.
Takt 4:	Takt 3 wiederholen

Hätten wir alle einen Bleistiftstummel unter den Sohlen, so wäre nun eine Sonne auf dem Boden zu sehen (siehe Skizze): In Takt 3 und 4 sind wir den Sonnenkreis abgegangen. In Takt 1 und 2 haben wir der Sonne Strahlen angezeichnet (Raumweg-Symbolik nach Bernhard Wosien). Die Bewegung der vier Takte wird nun beständig wiederholt und paßt auch zu den Takten 5–8, so daß auch das ganze Lied zum Sonnentanz gesungen werden kann.

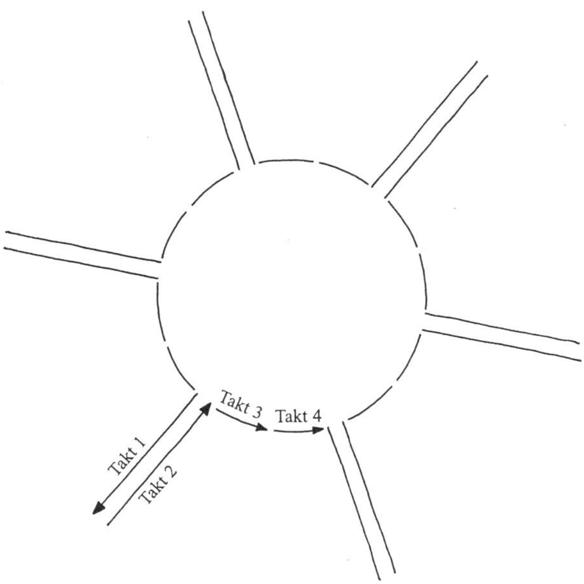

Der Raumweg des Sonnentanzes malt das Bild einer Sonne auf den Boden.

Gib uns Frieden jeden Tag

Text (1. Str.) und Melodie:
Rüdeger Lüders (1963)
Text (2. + 3. Str.): Kurt Rommel
Rechte: Gustav Bosse Verlag, Regensburg
Satz: Siegfried Macht

Weitere Verse und Gestaltungshinweise ▶▶▶

2. Gib uns Freiheit jeden Tag! Laß uns nicht allein.
Laß für Frieden uns und Freiheit immer tätig sein.
Denn durch dich, unsern Gott, denn durch dich, unsern Gott,
sind wir frei in jedem Land. Laß uns nicht allein.

3. Gib uns Freude jeden Tag! Laß uns nicht allein.
Für die kleinsten Freundlichkeiten laß uns dankbar sein.
Denn nur du, unser Gott, denn nur du, unser Gott,
hast uns alle in der Hand. Laß uns nicht allein.

Singen *und* musizieren!

Viele einfache Chorsätze sind auch ideale Notenvorlagen für Stabspiele, Blockflöten usw. Gerade wenn auf Wiederholung gebaute Bausteine mit stufigen Schritten und kleinem Tonumfang verwendet werden, können auch ungeübte Kinder solche Stimmen sowohl singen wie auch musizieren.

Ein solcher doppelt verwendbarer Satz ist auch der vorliegende (EG 425; LJ 236). Wo die Oberstimme zweistimmig wird, teilen wir sie auf: Wer in der obersten (wir nennen sie im folgenden I) bleibt, hat mit »f«, »g« und »a« lediglich drei noch dazu nebeneinanderliegende Noten zu bewältigen.
Wer im Mittelteil die Unterstimme (II) übernimmt, braucht dazu vier ebenfalls beieinanderliegende Töne: »f-e-d-c«. Aber Achtung, die werden nur halb so schnell gesungen. Daraus können wir auch gleich unser Arrangement ableiten:
Stimme II übernehmen die lang klingenden Metallophone und Glockenspiele,
Stimme I die Xylophone (mit relativ weichen Schlegeln).
Die Erwachsenenstimme können wir auf der Flöte oder (wenn wir das auswendig schaffen) auf einem Xylophon mit härterem (d.h. auch lauterem) Schlegel spielen.
Sollten die halben Noten in Takt 7–10 (12) den Kindern zu schwer fallen, so kann auch im Tempo der Viertelnote weitergesungen werden, was zur Verdoppelung des Textes führt.

Müde bin ich, geh zur Ruh

Siegfried Macht (Kanonfassung)
nach Luise Hensel (T: 1817) und
Melodie aus Kaiserswerth (1842)

Kanon für 2 Stimmen

Die fetten Noten geben die Melodie wieder, wie sie im Gesangbuch steht (EG 484; LJ 279). Ich habe lediglich entdeckt, daß sie auch wunderschön im Kanon klingt – ein Gute-Nacht-Ständchen von Vater und Mutter oder älteren Geschwistern oder als letzte Aktion vor dem Einschlafen auf der Kinderfreizeit.

Randbemerkung zum Gottesbild

Übrigens: Wie sich das Zeitgefühl ändert! Noch vor einigen Jahren hätte so manch kritische(r) Intelektuelle(r) »soetwas« nicht gesungen. Dabei meine ich gar nicht die romantischen Tonsprünge. Wem die zu gefühlvoll sind oder wer sie für das Mitsingen der Jüngsten glätten will, der kann die kleinen *Stichnoten* singen, die so gesetzt sind, daß sie sowohl zur Originalmelodie hinzupassen, wie auch im Kanon singbar sind; der wird an den entsprechenden Stellen jetzt sogar vierstimmig. Vielmehr meine ich den Text, der in der Pädagogik der Siebziger Jahre vehement als Variante von »Big brother is watching you« kritisiert worden wäre. Inzwischen aber lautet der Zeitgeist (hier in Gestalt eines populären »Salon-Songs« zitiert): »Kein Schwein ruft mich an, keine Sau interessiert sich für mich!« In einer Zeit gemeinschaftsunfähiger Kinder und überindividualisierter, vereinsamter »Subjekte« hat sich auch das Gottesbild und sein klassisches Mißverständnis gewandelt. Selbst die antropomorphen »Augen Gottes« sind »symboldidaktisch« geradezu liebenswert geworden – hoffentlich hat er überhaupt Zeit, mal zu schauen und »surft« nicht nur durchs Internet, da soll ja auch allerhand Frommes stehen …

Werde stark wie Petrus

Text und Musik:
Siegfried Macht

Melodie I und II abwechselnd und/oder zweistimmig,
beide auch im Kanon für 2 Stimmen

Werde stark wie David:
|: der setzte auf Gott :|
und gewann ein Reich.

Werde stark wie Josua:
|: der hoffte auf Gott :|
und die Mauer fiel.

Werde stark wie Mose:
|: der zog fort mit Gott, :|
und das Meer ging auf.

Werde stark wie Mirjam,
|: die die Pauke schlug, :|
und das Fest begann.

Werde stark wie Abraham:
|: der glaubte an Gott :|
und wurde zum Volk.

Werde stark wie Noah:
|: der vertraute Gott, :|
und die Arche trug.

Werde stark wie's Ruth war:
|: Freundin in der Not, :|
ihre Treue hielt.

Werde stark wie Josef:
|: der träumte von Gott, :|
und sein Traum wurd' wahr.

Werde stark wie Jakob:
|: wund vom Kampf mit Gott :|
ließ er doch nicht los.

Werde stark wie Hiob,
|: der im Leiden schrie: :|
Gott hat ihn erhört.

Zum Liedtext

»Stark« zu sein, ist nicht nur für die Jungen ein großer Wunsch: Die Medienwelt ist voller Heldinnen und Helden, die ihre Plastikmuskeln spielen lassen.

Dabei ist die Sehnsucht nach Stärke durchaus nichts, was wir »wegpädagogisieren« müssen. Vielmehr stellt sich die Frage, welche Stärke wir meinen, wenn wir in »Firmung« oder »Konfirmation« firm machen wollen, d.h. kundig im Sinne von »bestärkt«:

Welche Leitbilder stellen wir den Kindern vor Augen und paßt zu denen auch einmal das Leid? Können unsere Leitbilder also auch in Zeiten der Schwäche und des Kummers leiten und mitleiden, sind sie Leitbild und Leidbild zugleich?

Der Liedtext regt dazu an, je nach Thematik, um die eine oder andere Strophe ergänzt zu werden. Eine gute Übung für das Kindergottesdienst-Team bei der Vorbereitung: Wenn klar ist, was uns an der Figur des heutigen Sonntags wichtig ist, welche Stärke (Gott ist auch in den »Schwachen mächtig« ...!) wir besingen wollen, dann texten wir einen kleinen Dreizeiler zur obigen Melodie. Nur Mut: Das ist gar nicht so schwer, reimen muß sich beim obigen Textschema auch nichts.

Auch in Jugendarbeit und Erwachsenenbildung kann das Schreiben eigener Strophen das Entdecken biblischer (Identifikations-)Figuren abrunden. Kennen Sie z.B. Rizpa, die König David trotzte und als erste klagende Mutter in den Sitzstreik trat? (2. Sam 21, 1–14)

> Werde stark wie Rizpa:
> |: Mit Beharrlichkeit :|
> kam sie an ihr Ziel.

Zwischenspiele

Je kreativer wir sind, desto länger wird das Lied. Je länger unser Lied wird, desto eher verlangt es nach kleinen Variationen im Klang, also z.B. nach Zwischenspielen:

Möglich ist das Einfügen einer Melodiewiederholung auf der Sopranblockflöte in der hohen Oktave (Wer schafft das hohe »a«?). Wenn jetzt noch ein, zwei Trommeln hinzukommen (Rhythmus siehe »Orient-Drums«, Seite 152), ist der Wüstentanz nach der Errettung am Schilfmeer fertig. Wo setzen wir das Zwischenspiel also ein? (Am ehesten zwischen der Mose- und der Mirjam-Strophe, vielleicht auch danach: »... und das Fest begann!«)

Nun hören wir noch in die eine oder andere Strophe hinein und versuchen ihr ein Zwischenspiel abzulauschen, z.B.:

- Haben wir eine Gruppenleitung mit besonderen gitarristischen Fähigkeiten oder ein Kind, das Tischharfe spielt? (David mit der Harfe!)

Begleit-Instrumente

Metallophon/Glockenspiel

"Orient-Drums"

— Haben wir ein Keyboard mit Soundeinstellung »Posaune« o.ä.? (Josua vor Jerichos Mauern!)
— Ehe Noahs Arche besungen wird, müßte es eigentlich erst einmal kräftig regnen: Wir orientieren uns an den Buchstaben über den Noten und lassen die Dreiklänge auf ein Stabspiel »herunterprasseln« (siehe Notenbeispiel für Glockenspiel und/oder Metallophon).

Religionsunterricht

Als Anregung für Partner- und Gruppenarbeitsphasen mit etwas älteren Kindern (3.–5. Klasse) hier noch ein Arbeitsblatt zum Lied:

?

1. Kennst du Geschichten, die zu den Namen gehören?
Tauscht euch in der Gruppe untereinander aus: Wer kann den anderen etwas erzählen?

2. Numeriert die Strophen mit blauem Stift durch: Die Geschichte, die euch am bekanntesten ist, bekommt eine »1«, die unbekannteste eine »12«, usw.
Dadurch erhalten die Strophen eine andere Reihenfolge, anschließend werden wir uns auch mit den unbekannteren etwas vertraut machen.

3. Was verstehst du unter »stark«? Auf welche der angesprochenen Personen trifft dein Verständnis von »stark« am ehesten zu? Gibt es auch welche, die nicht dazu passen?
Numeriere wieder durch, diesmal mit rotem Stift: Eine »1« bekommt, wer deiner Meinung nach wirklich stark war, eine »12« bekommt, wer für dich nicht so recht in die Reihe der Starken paßt.

4. Warum steht die Strophe, der du eine rote »12« gegeben hast, dennoch in diesem Lied? Kannst du dich ein wenig in den Textdichter hineinversetzen? Was versteht er unter »stark«?

5. Die Wörter »Konfirmation« (evangelisch) und »Firmung« (katholisch) sind von dem lateinischen »firmare« (= stark machen, bestärken, festigen) abgeleitet. Bis zur Firmung oder Konfirmation soll man sich stark gemacht haben im Glauben. Wenn wir für deine Konfirmation noch einen passenden Bibeltext suchen müßten:
Welche Geschichte vom Glauben, vom Festmachen an Gott, vom Starkwerden durch Gott hat dir am besten gefallen?

6. Wer fehlt dir in der Reihe der Starken? Versuche eine eigene Strophe zu schreiben. (Es müssen nicht nur Personen aus der Bibel sein.) Vielleicht paßt deine Strophe sogar so ins Silbenschema, daß wir sie anschließend singen können.

7. Kannst du die Strophen auch so anordnen bzw. numerieren, daß die Personen wie in einem Geschichtsbuch in der richtigen historischen Reihenfolge nacheinander auftreten?

8. *Die Buchstaben über der Melodie nennen nicht nur die Akkorde bzw. Griffe für die Gitarre: Man kann sie auch als die Töne lesen, die zum Beispiel auf einem Stabspiel als Liedbegleitung dazu passen. Du kannst also auf einem Xylophon, Glockenspiel, Metallophon (und jedem anderen Instrument) zum Gesang hinzuspielen »a(a), g(g), g(g), c(c)« und das Ganze bis zum Schluß des Liedes wiederholen.*
Die Töne in Klammern gelten für kurz klingende Instrumente wie Xylophone: Da spielen wir jeden Ton noch einmal (Tempo der halben Note). Auf Metallophonen usw. reicht jeweils ein Ton im Tempo der ganzen Note.

Danket Gott, denn er ist gut

Text: nach Chr. J. Riggenbach 1868
Melodie: Pierre Davantes 1562
Kanon: Siegfried Macht 1995

1. Zeile im Kanon für 3 Stimmen

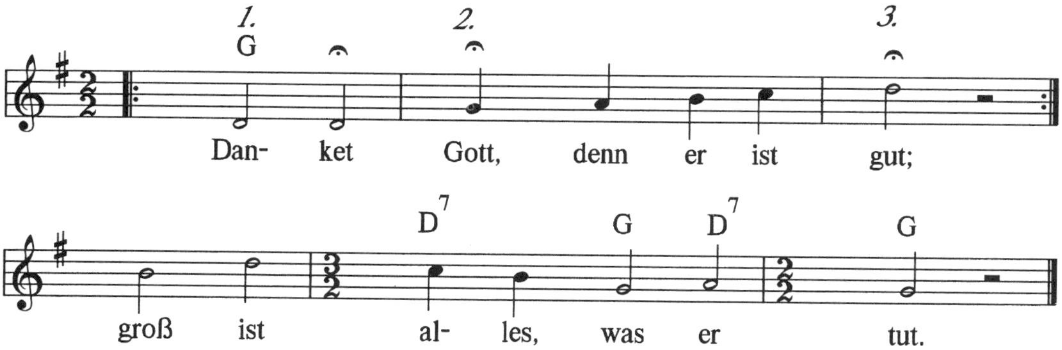

Alternative als Ostinato-Satz

Viele Themen

Je nach Auswahl weiterer Strophen aus dem Choral (EG 301; GL 227) können wir das Lied in die verschiedensten Zusammenhänge stellen.

Erstes Gebot

2. Preiset Gott und gebt ihm Ehr;
   er ist aller Herren Herr.

Schöpfung (Str. 3 auch Wundergeschichten)

3. Er tut Wunder, er allein,
   alles rief er in das Sein,
4. der durch seiner Allmacht Ruf
   Erd und Himmel weise schuf,
5. der die Sterne hat gemacht,
   Sonn und Mond für Tag und Nacht.

Exodus: Auszug aus Ägypten

6. Er hat Israel befreit
   aus Ägyptens Dienstbarkeit.
7. Er zerschlug Pharaos Heer,
   führt' das Volk durchs rote Meer.

Wüstenwanderung und Landnahme

8. Führte es mit starker Hand
   durch die Wüste in sein Land.

Weihnacht, Ostern

9. Dankt ihm, der in dieser Nacht
   unsrer Niedrigkeit gedacht.

Tischgebet

11. Er speist alles, was da lebt.
    Alle Schöpfung ihn erhebt.

In seiner Gesamtheit entspricht dieses Lied damit dem Duktus von *Psalm 136.*

Musikalische Form

Im Original folgt als 12. Strophe wieder der Text der ersten. Da die hier mitgeteilte Kanonfassung ohnehin nur die erste Hälfte des Chorals bringt und auf den Kehrvers verzichtet, bietet es sich an, den Text der ersten Strophe quasi als Refrain im Kanon immer wiederkehren zu lassen und die jeweils ausgesuchten thematischen Strophen einstimmig dazwischen zu setzen.

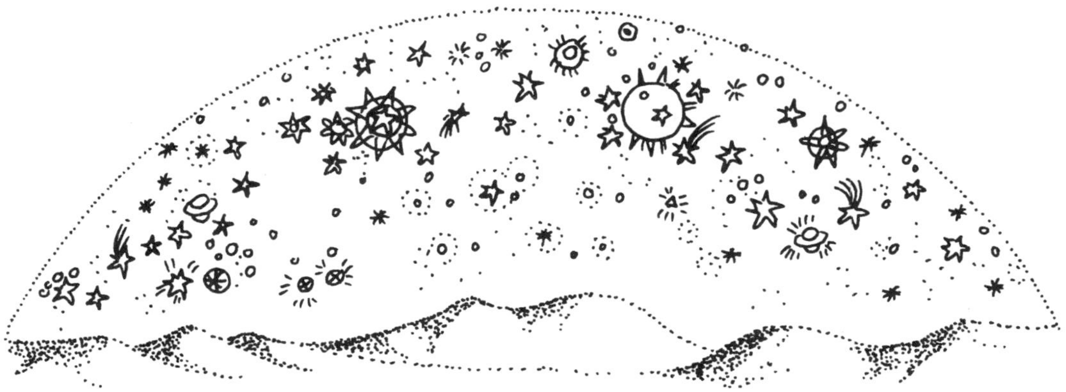

Stichwortverzeichnis

Bibelstellenregister

Literaturhinweise

Macht, Siegfried, **Daß Friede werde – Kleine Lieder zu großen Themen.** Neue geistliche Lieder für Schule und Gemeinde mit zahlreichen Tips zur Instrumentalbegleitung, Don Bosco Verlag, München 1984.
Dazu Vol. I: MC »Der Brotbaum blüht«, 1986, und Vol. II: CD »Daß Frieden werde« 1995 (Bezug für MC und CD: Siegfried Macht, Wiehbergstraße 39 L, 30519 Hannover)

Macht, Siegfried: **Kinder tanzen ihre Lieder.** Religiöse Sing- und Tanzspiele. (Werkbuch und korrespondierende CD), Bonifatius-Verlag, Paderborn und Deutscher Theaterverlag, Weinheim, 2. Auflage 1993

Macht, Siegfried; Pohl, Andrea, **Doch noch ist's weit, noch leben die Geschütze.** Friedensmusical (für Schule und kirchliche Jugendarbeit), Eres-Edition, Lilienthal 1993

Macht, Siegfried, **Wenn die Nacht noch dunkel ist.** Weisheit der Völker in durcharrangierten Kanonvertonungen für Chor und kleine Orchester, Bands und Orff-Spielkreise (Buch und MC), Leu-Verlag, Bergisch-Gladbach 1993

Macht, Siegfried, **Der große Miteinandertag.** Lieder zum Mitsingen und Mitmachen. Neue Kinderlieder für Schule und Gemeinde nach Texten namhafter Autoren (von J.-W. Goethe und M. Claudius über W. Busch, B. Brecht, J. Guggenmoos und J. Krüss bis P. Maiwald, I. Brender u.v.a.), Bund Verlag, Köln 1994

Macht, Siegfried, **Gottes Geist bewegt die Erde.** Lieder, die uns in Bewegung setzen. Meditative Liedtänze für Gottesdienst, Jugendarbeit und Religionsunterricht ab Klasse 5 (Buch und CD), Bonifatius Verlag, Paderborn 1994

Macht, Siegfried, **Noch lange nicht ausgedient.** Neue geistliche Lieder, Kanons, Chorsätze – Mit Praxistips zu Instrumentalbegleitung, Tänzen und Textmeditationen, Strube Verlag, München 1997

Macht, Siegfried, **In die Freizeit tanzen.** Liedtänze für Schule, Freizeit und Gemeinde (Werkbuch und Doppel-CD), Bonifatius-Verlag, Paderborn 1997

Das Chor-Liederbuch. Eine Sammlung von Chorsätzen aus Rock, Folk und Klassik, Bund Verlag, Köln 1991

Gitarren-, Choral- und Liederheft 1. Tabulatur- und Notensätze, hrsg. von der Arbeitsgemeinschaft Gitarre in der EKD (früher IG Lima), Verlag Junge Gemeinde, Leinfelden-Echterdingen 1988

Gitarren-, Choral- und Liederheft 2. Advent/Weihnachten. Tabulatur- und Notensätze, hrsg. von der Arbeitsgemeinschaft Gitarre in der EKD (früher IG Lima), Verlag Junge Gemeinde, Leinfelden-Echterdingen 1991

Gohl, Ulrich, **Jesus erzählt von mir und dir.** Spiellieder und Singspiele zur Bibel mit Gestaltungsideen für Kindergruppen von Gottfried Mohr, Verlag Junge Gemeinde, Leinfelden-Echterdingen 1994

Grüßhaber, Alma; Martin, Gerhard (Hg.), **Willkommen in unserer Kirche**. Handbuch für Gottesdienste mit Kleinkindern von 0–4 Jahren, Verlag Junge Gemeinde, Leinfelden-Echterdingen 1995

Mohr, Gottfried; Koerver, Jürgen; Weidle, Andreas (Hg.), **Sagt Gott, wie wunderbar er ist.** Alte und neue Psalmen zum Sprechen und Singen, Verlag Junge Gemeinde, Leinfelden-Echterdingen, 2. Auflage 1995

Schlaudt, Bernd, **... so spielt die Kindergottesdienstband**, Materialheft 59 der Beratungsstelle für Gestaltung von Gottesdiensten und anderen Gemeindeveranstaltungen, Frankfurt am Main (Bezugsadresse: Eschersheimer Landstraße 565, 60431 Frankfurt)

Schlaudt, Bernd, **Instrumente bauen und Musik machen**, Materialheft 73 der Beratungsstelle für Gestaltung von Gottesdiensten und anderen Gemeindeveranstaltungen, Frankfurt am Main 1995 (Bezugsadresse: a.a.O.)

Singen und Spielen mit Kindern

Weitere Bücher des Verlags Junge Gemeinde
zu diesem Thema:

Ulrich Gohl

Jesus erzählt von mir und dir

Spiellieder und Singspiele zur Bibel – mit Gestaltungsideen für Kindergruppen von Gottfried Mohr

Die Lieder und Singspiele von Pfarrer Gohl ermöglichen einen ganzheitlichen Zugang zu zahlreichen biblischen Erzählungen. Vielfältige Gestaltungsideen zeigen, wie die Kinder über das Mitsingen hinaus beteiligt werden können.

128 Seiten, kartoniert

Gitarren-Choral- und Liederheft 1

Tabulatur- und Notensätze

Hrsg. von der Arbeitsgemeinschaft Gitarre in der EKD

So macht Gottesdienstgestaltung Spaß. Geistliche Lieder, Choräle und liturgische Stücke, jeweils in Tabulatur- und Notensatz, für Gitarre bearbeitet. Die praktische Hilfe für Gruppen, die auch Gesangbuchlieder mit Gitarre begleiten möchten.

64 Seiten, kartoniert, Format DIN A5

Gitarren-Choral- und Liederheft 2

Advent/Weihnachten

Hrsg. von der Arbeitsgemeinschaft Gitarre in der EKD

Viele bekannte Advents- und Weihnachtslieder für Gitarre bearbeitet. Tabulatur-, Notensätze und Fingerboards sind in *einem* System dargestellt, so daß jeder Spieler die ihm gemäße »Notenschrift« findet und das Zusammenspiel erleichtert wird.

104 Seiten, kartoniert, Format DIN A4

Marlies Bachmann / Jürgen Koerver / Rüdiger Maschwitz (Hg.)

Ich bin Petrus – wer bist du?

Mit Puppen, erzählen, spielen, feiern

Eine praxisnahe Anleitung zum Puppenspiel mit allem, was dazugehört. Die Herstellung von 22 verschiedenen Puppen wird erläutert. Darunter vor allem auch solche, die sich schnell und mit einfachen Mitteln basteln lassen. 14 erprobte Spieltexte warten auf begeisterte Spieler und Zuschauer.

160 Seiten, kartoniert, 2. Auflage

Diese Bücher erhalten Sie in Ihrer Buchhandlung oder direkt beim Verlag. Gerne informieren wir Sie auch über unser Gesamtprogramm.